O LIVRO DAS ESPECIARIAS
RECEITAS RÁPIDAS

O LIVRO DAS ESPECIARIAS

RECEITAS RÁPIDAS

Da comida de rua a ocasiões especiais,
pratos frescos, coloridos e saborosos

JOHN GREGORY-SMITH

PUBLIFOLHA

Sal e Al – Amo vocês!

Mithy spice express cookbook foi publicado originalmente no Reino Unido e na Irlanda em 2013 pela Duncan Baird Publishers Ltd., 75 Wells Street, 6º andar, Londres W1T 3QH.

Coordenação do projeto: Publifolha
Editora assistente: Adriane Piscitelli
Coordenadora de produção gráfica: Mariana Metidieri

Produção editorial: Página Viva
Edição: Luciane Helena Gomide
Tradução: Laura Schichvarger
Consultoria: Adriana Barretto Figueiredo
Revisão: Mariana Nascimento
Diagramação: Bianca Galante

Edição original: Duncan Baird Publishers
Editor chefe: Grace Cheetham
Editor: Jan Cutler

Direção de arte e design: Manisha Patel
Produção: Uzma Taj
Fotografia: William Lingwood
Estilista de culinária: Aya Nishimura
Produção fotográfica: Wei Tang

Dados Internacionais de Catalogação na Publicação (CIP)
(Câmara Brasileira do Livro, SP, Brasil)

Gregory-Smith, John

O livro das especiarias : receitas rápidas / John Gregory-Smith ; [tradução Laura Schichvarger]. – 1. ed. – São Paulo : Publifolha, 2013.

Título original : Mighty spice express cookbook.
ISBN 978-85-7914-502-5

1. Condimentos 2. Culinária 3. Especiarias 4. Plantas aromáticas 5. Receitas I. Título.

13-11307 CDD-641.5

Índices para catálogo sistemático :
1. Especiarias e temperos : Culinária : Economia doméstica 641.5
2. Temperos e especiarias : Culinária : Economia doméstica 641.5

Este livro segue as regras do Acordo Otográfico da Língua Portuguesa (1990), em vigor desde 1º de janeiro de 2009.

Impresso na Worldprint, China.

PUBLIFOLHA
Divisão de Publicações do Grupo Folha
Al. Barão de Limeira, 401, 6º andar
CEP 01202-900, São Paulo, SP
Tel.: (11) 3224-2186/2187/2197
www.publifolha.com.br

Nota do editor
Apesar de todos os cuidados tomados na elaboração das receitas deste livro, a Duncan Baird Publishers não se responsabiliza por erros ou omissões decorrentes da preparação dos pratos.

Pessoas com restrições alimentares, grávidas e lactantes devem consultar um médico especialista sobre os ingredientes de cada receita antes de prepará-la.

As fotos deste livro podem conter acompanhamentos ou ingredientes meramente ilustrativos.

Observações, exceto se orientado de outra forma:
- Use sempre ingredientes frescos
- O forno deve ser preaquecido na temperatura indicada na receita

Equivalência de medidas:
- 1 colher (chá) = 5 ml
- 1 colher (sopa) = 15 ml
- 1 xícara (chá) = 250 ml

SUMÁRIO

INTRODUÇÃO

Comidas, receitas, culinária, especiarias e alimentação são a minha vida, por isso fiquei entusiasmado quando meu editor pediu uma continuação para o meu primeiro livro, *O livro das especiarias*. Eu já estava trabalhando em novas receitas e a proposta surgiu em um momento oportuno.

O objetivo naquele momento era mostrar como é simples cozinhar com especiarias. Não uso mais de cinco especiarias em cada receita, e a maioria dos ingredientes é encontrada em supermercados. Fazia sentido então que o próximo passo fosse mostrar como é rápido cozinhar com elas, qualquer que seja a ocasião.

Este livro nasceu, e começamos a testar ideias. Gosto de sempre introduzir novas receitas e sabores, então viajei pelo mundo para fazer minha pesquisa. Escolhi com cuidado os países para extrair o máximo de inspiração no quesito cozinha rápida.

A comida de rua foi uma grande inspiração para o livro. Ela reflete o que há de melhor no lugar e revela o que está na moda. É sempre servida ao estilo "velozes e furiosos", e pode ser quente ou fria, salgada ou doce, mas, certamente, será saborosa, fresca e preparada com perfeição. Pois, se a comida não passar no teste, ela simplesmente não estará mais lá na manhã seguinte.

DESTRINCHANDO FEZ

O livro das especiarias – Receitas rápidas me levou para a deslumbrante cidade de Fez, no Marrocos, onde há a mais antiga medina – ou cidade antiga – ativa do mundo. Isso significa uma grande área sem carros onde as pessoas vivem, compram e vendem. As construções ficam tão próximas umas das outras que a maioria das ruas, na verdade, são passagens estreitas sob grandes estruturas de madeira, percorridas com mais facilidade com o corpo arqueado – o hobbit Bilbo Bolseiro e companhia se sentiriam em casa.

Para um estrangeiro, a cidade é um labirinto, daqueles que exigem um guia. Felizmente, Gail Leonard foi o melhor guia. Ele organiza excursões para conhecer a comida de rua da fabulosa Fez. Nós nos encontramos numa manhã fria de janeiro junto à magnífica Porta Azul. Depois do café, paramos para comer um sanduíche de moleja – molejas fritas servidas num pão com especiarias e cebola fatiada. Estava delicioso e, estranhamente, foi muito energizante logo no início da manhã. Ele também foi a inspiração para o meu Sanduíche da porta azul de Fez no capítulo "Petiscos Poderosos".

A inclinação natural da cidade antiga nos levou para o sul. Percorremos passagens estreitas iluminadas apenas por rasgos de luz e emergimos em uma das principais ruas do mercado de Fez. Galinhas cacarejavam enquanto esperavam o pote de alguém, ao lado de camelos, especiarias, ervas, belos morangos suculentos, azeitonas, nozes, harissa e uma pequena tenda maravilhosa que vendia bessara, que é uma sopa de café da manhã feita com favas. É substanciosa, espessa e perfeita para manter os trabalhadores famintos alimentados até o almoço. Minha tigela foi temperada com bastante pimenta e cominho e estava absolutamente sublime.

DELÍCIAS DO MAR EM ESSAOUIRA

Depois de visitar Fez, peguei o trem para a notável cidade costeira de Essaouira, no sul do país. Há momentos em que o meu trabalho é incrível, e este foi um deles. Cheguei àquele lugar mágico e logo fui dar um longo passeio pela praia. Praticantes de kitesurfe decolavam sobre as águas cristalinas ao meu redor, cavalos galopavam ao longo da costa e o sol poente enquadrava a cidade murada, como num filme. Eu até fiz alguns novos amigos cachorros, que me seguiram no caminho de volta ao hotel. A coisa ficou um pouco estranha quando tive de visitar os cafés da moda da cidade, com o rosto vermelho, todo suado e acompanhado por vira-latas.

O objetivo de *O livro das especiarias – Receitas rápidas* é preparar qualquer refeição de modo rápido. Peixes e frutos do mar cozinham rápido, e Essaouira alimentou minha mente, meu estômago e minha alma com frutos do mar. Eu me inspirei em diversos momentos, especialmente quando jantei no Sam's. Esse não é exatamente o nome evocativo das noites marroquinas que eu teria escolhido para o melhor lugar de frutos do mar da cidade, mas quem sou eu para julgar? O Sam's fica no final do cais, depois de passar pelos barcos de pesca, pelas redes estendidas e por gaivotas um pouco assustadoras. De fora, o restaurante parece a cabana de lagostas azul e amarela de *Uma família da pesada*. No interior, a decoração de caranguejos incrustados de joias e fotografias em preto e branco de estrelas de Hollywood é igualmente desconcertante, mas a comida vale cada centavo. Cozinha litorânea marroquina com um toque francês clássico – uau! Tudo o que posso dizer é: pegue um avião agora, vá até o Sam's e peça os espetos tamboril. Você não vai se decepcionar.

COCO, FENO-GREGO E AS CORES VIBRANTES DA ÍNDIA

A próxima parada da minha viagem de pesquisa foi a Índia. Goa, para ser exato, onde os curries de coco e a comida litorânea fresca são preparados sem demora. Toda cidade tem seus gurus locais de culinária e, em Dabolim, esse posto é ocupado por Rita Shinde. De seu lindo jardim, Rita ensina as mulheres locais a fazerem a excelente e fresca comida sul-indiana. Sendo homem e estrangeiro, tive muita sorte de ser aceito. Nós fizemos todos os pratos clássicos de Goa, depois ela me ensinou sobre comida hindi à base de tamarindo e, por fim, cozinha goesa católica, que usa o pungente vinagre local em abundância. Seu molho reshado foi uma revelação absoluta para mim e, fico feliz em dizer, inspirou vários pratos deste livro.

Depois de Goa, viajei para o norte de Mumbai, uma mistura de tudo o que a Índia tem a oferecer. Essa viagem foi extraespecial graças a duas pessoas, Lizzie e Amish. Com a capacidade de organização militar de Lizzie e o conhecimento local de Amish, comi de tudo em Mumbai! Eles ainda organizaram uma visita discreta a Dharavi, uma das famosas favelas da cidade. Não sei por quê, mas fui preparado para sentir um forte ataque de culpa ocidental. Esperava ver coisas horríveis, mas essa foi uma das experiências mais incríveis de toda a minha vida.

Esses bairros pobres da Índia — erroneamente chamados assim, pois isso sugere um clima sombrio — são cidades em pleno funcionamento dentro de uma cidade. Centenas de milhares de pessoas vivem, trabalham e socializam ali. As condições de trabalho são terríveis, mas há tanta vida e energia, que é difícil acreditar. Todos estavam ocupados trabalhando na triagem de plásticos, na construção de máquinas, na costura de roupas, fazendo sabão e produzindo a maioria dos paparis de Mumbai. Havia um senso de comunidade mais forte do que em qualquer outro lugar onde já estive. Todos se conhecem. Eles conversam, trabalham e frequentam o mercado para comer, beber, fazer compras e até mesmo ir ao cinema. As áreas residenciais são impecáveis. As pessoas se orgulham de onde moram. Contra cada resquício de cinza tristonho, o amor da Índia pelas cores vibrantes prevalece. Contra cada odor estranho, os cheiros maravilhosos de feno-grego e óleo de coco enchem o ar. Mesmo o ruído constante do tráfego é abafado pelas canções de amor hindi. Eu adorei, e até agora sinto arrepios enquanto escrevo sobre minha visita. Eu me sinto honrado por ter estado em Dharavi.

COMENDO POR QUATRO NO EXTREMO ORIENTE

O trecho final da minha pesquisa foi o Extremo Oriente. Como já havia visitado a Tailândia e o Laos, decidi expandir meus conhecimentos e ir até Seul e o nordeste da China para aprender algo novo. Seul é uma loucura – uma grande metrópole com gente legal, comida incrível e tecnologia de ponta, que faria a tripulação da série *Star Trek: Enterprise* se envergonhar.

Passei minha primeira noite explorando os restaurantes populares que ocupam as ruas transversais entre os arranha-céus do distrito de Gangnam-gu. Por alguma razão, fui expulso de todos os restaurantes onde entrei. Cansado, com fome, e me sentindo como se tivesse sido rejeitado pelo time da escola, voltei para o hotel. Felizmente, no dia seguinte fui informado de que não havia sido excluído por ser estranho e ocidental. Os restaurantes em questão serviam pratos enormes para compartilhar, grandes demais para uma pessoa. Com essa informação inestimável, voltei, pedi uma mesa para quatro e comi tudo o que pude.

Na manhã seguinte, meu guia me levou ao norte da cidade. Primeiro aprendi a fazer o precioso kimchi, a pedra angular das refeições coreanas. Depois, iniciamos uma seriíssima excursão em busca da comida de rua. Comemos muito bem: pa jun, uma fantástica panqueca coreana; bolinhos gigantes cozidos no vapor, recheados com carne de porco e cebolinhas; bibimbap, um prato de arroz clássico; kebabs grelhados; sopa de macarrão com mexilhões e tofu frito picante. Parecia interminável – e tudo delicioso.

EXERCÍCIOS AÉREOS E CHURRASCOS ESPETACULARES

Não há superlativos suficientes no mundo para descrever a China. Xangai, por exemplo, é o único lugar onde você pode pedir escorpião, dim sum, pepino-do-mar e foie gras de uma só vez. Vários anos atrás, meus grandes amigos Mike e Annie me apresentaram a comida de Dongbai, uma região do nordeste da China onde Annie nasceu. Desde então, sou obcecado por conhecer aquela parte do mundo. Felizmente, a oportunidade surgiu com o projeto deste livro. Eu estava em um avião com Mike e Annie em direção à cidade de Shenyang para aprender sobre a comida de Dongbai e seu famoso churrasco. A essência do que me faz adorar a China aconteceu naquele voo. Em certo momento, os passageiros estoicos, até então sentados em silêncio, voltaram a atenção para parte da tripulação, que formara uma fila no meio do avião. Eles começaram a demonstrar uma série de exercícios para prevenir cãibras e trombose venosa profunda, que caberia tranquilamente num show das Spice Girls. O silêncio se rompeu e todos se juntaram à tripulação copiando expressivamente os movimentos. A coreografia culminou com as mãos cruzadas sobre os ombros e depois lançadas para o alto numa entusiasmada salva de palmas. Em seguida, os passageiros voltaram ao silêncio recatado de antes. Foi incrível e repentino, assim como aquele país.

Fomos direto do aeroporto para um restaurante chamado Little South Island BBQ que é de um amigo de Annie. Ali eu aprendi o segredo da comida de Dongbai, de seu churrasco e o verdadeiro significado da hospitalidade chinesa. Muitas coisas na China acontecem a portas fechadas, entre elas a descontração, exatamente o que aconteceu na hora do almoço. Enquanto o resto do restaurante estava cheio de clientes apressados, ficamos em uma sala privada rodeados por amigos, familiares, comida e muitas bebidas alcoólicas. Cada prato sublime foi detalhado com cuidado por meus anfitriões e acompanhado por uma dose letal de baiju, uma bebida chinesa altamente alcoólica. Devemos ter comido cerca de quarenta pratos diferentes. Faça a conta das doses! Tanto a comida quanto o churrasco foram reveladores, e aprendi técnicas e temperos inéditos para mim. Você terá uma surpresa!

SOBRE ESTE LIVRO

O livro das especiarias – Receitas rápidas traz pratos fantásticos preparados com rapidez. Para tal, desenvolvi receitas usando técnicas, especiarias, cortes de carne e peixe, métodos de cozimento e ingredientes que se combinam para criar deliciosas refeições expressas e petiscos para qualquer ocasião.

As especiarias são o coração das receitas deste livro. Quanto mais viajo, mais aprendo maneiras novas de usar esses ingredientes fabulosos. Eles são verdadeiramente versáteis. É fascinante como os mesmos temperos, usados de maneira diferente, transportam a comida na sua mesa de um país ao outro. Para mim, as especiarias são como uma viagem que me leva a novos lugares enquanto como. Elas trazem consigo sabores, cores, calor e aromas de alguns dos lugares mais belos e exóticos do mundo. Com uma pitada de cominho, um pouco de gengibre ralado ou algumas fatias de capim-limão posso fazer pratos maravilhosos e transformar meu pequeno apartamento no leste de Londres no melhor restaurante exótico do mundo.

Ao folhear este livro, observe que cada receita apresenta fotos das especiarias utilizadas, assim você poderá ver de primeira os ingredientes necessários para cozinhar.

Este livro está repleto de receitas interessantes e todas ficam prontas no tempo informado. Testei o tempo com muito carinho mais de uma vez, para ter certeza de que funcionariam perfeitamente. A chave é realizar o preparo e o cozimento exatamente no momento certo. Para que você possa alcançar os mesmos resultados rápidos que eu, incluí a preparação dos ingredientes na receita, e não na lista de ingredientes. Enquanto parte do prato cozinha, você prepara os ingredientes para a próxima fase. As receitas não são complicadas, e eu as projetei para você tirar o maior proveito do seu tempo na cozinha. Basta seguir as instruções e você fará tudo com facilidade.

Espero que goste de cozinhar e saborear esses pratos tanto quanto eu, e que este livro ajude a tornar o ato de cozinhar qualquer refeição uma experiência expressa.

John Gregory Smith

SABORES EXPRESSOS BÁSICOS

Recheie sua despensa e sua geladeira com alguns ingredientes básicos e você estará pronto para preparar uma refeição bem temperada a qualquer momento.

UM POUCO DO SUDESTE ASIÁTICO

Coco Creme de coco é coco fresco em forma de um bloco sólido. Com alto teor de gordura, ele é dissolvido em molhos ajudando a engrossá-los e a aumentar a untuosidade. Também pode ser ralado sobre saladas e grelhados para derreter. Creme de coco e leite de coco são extraídos por meio da pressão da polpa do coco fresco. O líquido leitoso da primeira pressão é o creme de coco. Ele tem o teor de gordura mais alto e é mais saboroso. A polpa restante é misturada com mais água para uma segunda pressão, resultando no mais suave leite de coco.

Molho de peixe Esse molho de cheiro intenso é salgado e pungente. Pode substituir o sal e dá sabor a curries, sopas, refogados e saladas.

Molho hoisin É um condimento chinês que pode ser usado em refogados e molhos para acompanhar carnes, peixes e legumes assados. Tem sabor marcante e salgado de soja e não precisa de cozimento.

Molho de ostra É um condimento ligeiramente doce, utilizado em todo o sudeste asiático. O molho castanho e espesso é feito à base de grãos de soja e extrato de ostra, resultando num sabor adocicado e salgado. Prefira a opção com maior percentual de extrato de ostra na hora de comprar.

Vinagre de vinho de arroz Esse é um sabor azedo clássico do sudeste asiático. É ótimo para molhos e saladas. O sabor é muito azedo, por isso sempre precisa de um contraponto doce ou picante.

Molho de soja O incrível sabor umami (que significa "agradável sabor salgado" em japonês) que o molho de soja dá à comida é excelente. Use-o em ensopados no lugar do sal para criar profundidade de sabor. Usei molhos de soja light e normal neste livro. Tradicionalmente, o light é usado para temperar, e o normal, para dar cor. Acho o light salgado e fresco, e o normal mais untuoso e com sabor mais complexo.

Molho de pimenta doce É o melhor dos molhos prontos. Combina especialmente bem no tempero de saladas junto com suco de limão para equilibrar a doçura. É um sabor instantâneo com esforço zero.

SABORES FAVORITOS

Azeitona sem caroço O sabor salgado das azeitonas complementa muitos pratos. Junte a saladas e tagines, ou use no pesto ou na salsa, onde o sal intenso combina muito bem.

Limão em conserva Possui um sabor magnífico e único, e agora é fácil encontrar. Corte-os em quatro, retire e descarte a polpa, e pique ou fatie a casca. Eles vão bem em tagines, cozidos, sopas, saladas, pratos de arroz e kebabs, e proporcionam um toque marroquino.

Tomate seco e em pasta Neste livro usei tomates secos em óleo em salsas e molhos por conta do intenso sabor defumado e salgado. A pasta dá o mesmo sabor, sem ter de picar ou misturar.

Tahine Feito com sementes de gergelim, o tahine é um ingrediente clássico do Oriente Médio. De sabor rico e intenso, deve ser usado em pequena quantidade. Vai bem como molho, misturado com iogurte, e é um dos principais ingredientes de homus. Ele dura bastante, então um vidro rende muito.

Purê e passata de tomate Muitas receitas são à base de tomate, e se você estiver sem tempo, a passata e o purê são a solução rápida para dar sabor. Como já estão cozidos, a riqueza do tomate é mais intensa e basta aquecer para usar.

Molho inglês Esse ingrediente tipicamente britânico muito provavelmente já faz parte da sua despensa. Ele é feito com vinagre, anchovas e especiarias, por isso não está tão distante dos condimentos do sudeste asiático à base de peixe. Ele dá um sabor incomum, que se funde com a base dos temperados quando usado em curries, pastas de especiarias e molhos de salada.

ESPECIARIAS VERSÁTEIS

Pimenta vermelha em pó e em flocos Às vezes falta tempo para picar. Ter pimenta em pó ou em flocos à mão garante um toque de picância instantâneo.

Cinco especiarias chinesas em pó É uma mistura de especiarias, entre elas anis-estrelado, erva-doce, canela, cravo, pimenta-chinesa, gengibre, noz-moscada e há infinitas combinações. Esse tempero tem um forte sabor de anis que combina com o molho de soja, tornando-o perfeito para pratos chineses.

Pimenta chipotle É uma jalapeña defumada que dá um sabor incrivelmente amadeirado e defumado a qualquer prato: salsas, cozidos, mix de temperos secos e marinadas. O sabor é autenticamente mexicano. Como as pimentas são secas, elas precisam ser imersas em água morna ou molho quente para amolecer. Também são moídas facilmente, o que é perfeito para salsas, temperos ou marinadas.

Chocolate Feito a partir do cacau, é uma especiaria muito antiga usada pelos maias da América Central. Os grãos de cacau são torrados e misturados à manteiga de cacau e ao açúcar. Tem um sabor untuoso, picante e acastanhado, que se desenvolve no paladar enquanto derrete. Use em pratos doces e salgados, e compre o chocolate mais amargo e com o mais alto teor de cacau para cozinhar.

Canela É uma especiaria clássica utilizada em todo o mundo. Vai muito bem com tudo, de cordeiro e arroz a chocolate e sorvete. Eu uso em pó e em pau nas minhas receitas, mas, se não tiver canela em pau na despensa, também pode substituir meia colher (chá) de canela em pó por 5 cm de canela em pau.

Cominho e coentro São os dois ingredientes que eu recomendaria para quem está começando a usar especiarias. Eles têm um sabor excelente, funcionam muito bem juntos e podem ser utilizados em muitos tipos de pratos. Tenha sempre as sementes e o cominho em pó à mão, pois você pode usar as sementes como base em óleo quente para dar sabor e um pouco de textura aos pratos.

Páprica defumada A relação sabor-esforço dessa excelente especiaria é inigualável, por isso ela é obrigatória na minha despensa. O pó vermelho vibrante é feito de pimentões e/ou pimentas moídos, com um intenso sabor defumado. Você pode usar em qualquer prato salgado para dar sabor, bem como em salsas, marinadas, mixes de temperos secos e molhos de salada.

O ÓLEO E O VINAGRE CERTOS PARA CADA PRATO

Óleo de amendoim É o melhor para refogados, pois tem um ponto de fumaça alto, importante quando se frita em fogo alto. Também tem um sabor suave que não interfere nos outros sabores do prato.

Azeite e azeite extravirgem Têm sabor muito mais pronunciado do que os outros óleos. São ótimos para pratos de estilo mediterrâneo e molhos para salada. Use o azeite para cozinhar e o azeite extravirgem para molhos, pois ele perde o sabor quando aquecido. Todos os azeites têm um ponto de fumaça baixo e não são adequados para usar em fogo alto, como nos refogados.

Óleo de gergelim Tem sabor rico de gergelim torrado, perfeito para saladas, mixes de temperos secos e marinadas. Excelente também para refogados.

Óleo de girassol Tem ponto de fumaça alto. De sabor leve, é também mais barato. Eu uso para as frituras neste livro.

Vinagre balsâmico Esse vinagre doce italiano clássico é ótimo para assados, refogados e molhos para salada.

Vinagre de maçã É versátil. Não é muito ácido e funciona bem como um substituto do vinagre de vinho de arroz.

Vinagre de vinho tinto Tem um agradável sabor não tão acentuado quanto os outros vinagres e é perfeito para cozinhar e como base para molhos de salada.

AROMAS FRESCOS

Alho É um ingrediente básico de todas as cozinhas que visitei em todo o mundo. Proporciona um fundo doce e suave quando cozido lentamente ou um sabor forte e ardente se cozido de modo rápido.

Gengibre Tem um sabor picante que é maravilhoso em curries, frituras e molhos para salada. O gengibre fresco dura até 1 semana na geladeira

Pimenta verde e vermelha Frescas duram até 10 dias na geladeira e dão picância e vivacidade para pratos salgados e doces. Gosto de ter várias opções em casa para cozinhar.

Capim-limão Torna o curry perfumado e autêntico, e o delicado sabor cítrico transforma os refogados. Combina com molho de soja, especialmente em marinadas. Dura por várias semanas na geladeira.

Limão e limão-siciliano Todas as receitas precisam de equilíbrio, e "azedo" é um sabor-chave na culinária do sudeste asiático. Os limões refrescam e destacam outros sabores tornando-os mais fortes.

Salsinha e coentro Essas duas ervas sensacionais dão cor e frescor a qualquer prato. Não vivo sem elas. Guarde na geladeira.

Petiscos Poderosos

Essa é uma seleção dos meus petiscos favoritos, com diferentes sabores de todo o mundo. Muitas das receitas foram inspiradas na comida de rua, simplesmente a melhor fast-food que existe. Muitas são perfeitas para festas, quando você quer beliscar algo em pé, batendo papo com os amigos, enquanto toma uma bebida. Com opções que vão da Empanada los danzantes, feita com camarões e muçarela, ao picante Mini-hambúrguer tailandês de porco, todas as receitas servem duas porções e há algo para todos os gostos. Meu Milho frito picante polvilhado com sal marinho é literalmente o melhor companheiro para a dupla "esporte na TV e cerveja gelada". Mas o melhor dos "Petiscos Poderosos" é que todas as receitas ficam prontas em 15 minutos ou menos.

Filé de Frango com Molho de Pimenta Doce e Manjericão

2 PORÇÕES PRONTO EM **10 MINUTOS**

Sou louco por frango com molho. Provavelmente é uma consequência da obsessão do meu pai por frango e maionese! Meu petisco de frango é feito com filés pequenos que cozinham rapidamente. É servido com um potente molho de pimenta doce, manjericão verde fresco e maravilhosas sementes de erva-doce, que dão um toque de anis ao paladar.

4 minifilés de frango (cerca de 200 g)
2½ colheres (sopa) de azeite
um punhado de folha de manjericão
1 colher (chá) de semente de erva-doce
3 colheres (sopa) de molho de pimenta doce
½ limão
sal marinho e pimenta-do-reino moída na hora

AQUEÇA UMA CHAPA em fogo alto até ficar bem quente. Enquanto isso, pincele o frango com meia colher (sopa) de azeite. Coloque o frango na chapa e reduza o fogo para médio. Grelhe o frango por 3-4 minutos de cada lado, até ficar dourado e cozido.

ENQUANTO O FRANGO cozinha, coloque o manjericão, o azeite restante e uma boa pitada de sal e pimenta-do-reino em um miniprocessador de alimentos ou liquidificador, e bata até ficar homogêneo. Transfira para uma tigela que vai à mesa. Esmague gentilmente as sementes de erva-doce com as costas de uma faca ou em um pilão, e coloque-as na tigela. Adicione o molho de pimenta doce, o suco do limão e misture bem. Sirva o frango dourado com o molho de pimenta doce e manjericão.

Sanduíche da Porta Azul de Fez

2 PORÇÕES PRONTO EM **15 MINUTOS**

Esse sanduíche incrível foi inspirado na minha experiência em uma barraca de comida de rua que fica junto ao magnífico Portão Azul em Fez, Marrocos. Era uma manhã congelante, e esse sanduíche irado, recheado de cebolas crocantes, especiarias e ervas frescas, foi o jeito perfeito de me aquecer. Minha versão leva frango em vez de miúdos (desculpe, Fez), mas compartilha os sabores marcantes.

2 peitos de frango sem pele
1 colher (sopa) de azeite
½ cebola roxa
½ limão
8 azeitonas verdes sem caroço
um punhado de folha de salsinha
2 pães integrais
2 colheres (sopa) de pasta de tomate seco
3 colheres (sopa) de maionese
½ colher (chá) de cominho em pó
uma pitada de pimenta vermelha em pó
sal marinho e pimenta-do-reino moída na hora

COLOQUE OS PEITOS DE FRANGO em uma tábua. Com um rolo de macarrão, bata na carne até que ela fique com 1 cm de espessura. Tempere um lado com uma boa pitada de sal e pimenta-do-reino. Aqueça o azeite em uma frigideira grande em fogo médio e frite o frango, o lado temperado para baixo, por 3-3½ minutos de cada lado, até ficar dourado e cozido.

ENQUANTO O FRANGO COZINHA, descasque e corte a cebola em tiras finas, e coloque-a em uma tigela. Esprema o suco do limão e misture bem. Pique as azeitonas e a salsinha, e reserve.

CORTE OS PÃES AO MEIO. Passe a pasta de tomate seco em uma metade e a maionese na outra metade de cada pão. Coloque o frango sobre uma metade do pão e tempere com o cominho e a pimenta vermelha em pó. Coloque as cebolas, as azeitonas e a salsinha por cima do frango e cubra com a outra metade do pão. Sirva imediatamente, ainda quente.

Mini-hambúrguer Tailandês de Porco

2 PORÇÕES PRONTO EM **10 MINUTOS**

Esses adoráveis sanduichinhos são muito saborosos e rápidos de fazer. Escolha uma linguiça de qualidade para que a carne tenha a consistência perfeita para incorporar todos os temperos aromáticos tailandeses. Um toque fresco de limão ao final acentua os sabores, e o molho de pimenta doce é o parceiro perfeito.

1 cm de gengibre fresco
1 dente de alho
1 haste de capim-limão
½ pimenta vermelha
¼ de colher (chá) de pimenta-do-reino moída na hora
um punhado de folha de manjericão
1 colher (chá) de molho de peixe
200 g de linguiça de porco da melhor qualidade
1 colher (sopa) de azeite

PARA SERVIR
1 limão
molho de pimenta doce

DESCASQUE O GENGIBRE e o alho, retire as folhas exteriores do capim-limão e corte a ponta das hastes. Coloque o gengibre e o alho em um miniprocessador de alimentos e adicione o capim-limão, a pimenta vermelha, a pimenta-do-reino, o manjericão e o molho de peixe. Bata até obter uma pasta lisa. Transfira para uma tigela e reserve.

ABRA AS LINGUIÇAS, retire a tripa e coloque a carne na tigela com a pasta. Misture bem e divida em seis porções. Achate cada porção em forma de um mini-hambúrguer e voilá!

AQUEÇA O AZEITE em uma frigideira grande em fogo médio e frite os hambúrgueres por 1½-2 minutos de cada lado, até ficarem dourados e crocantes.

ENQUANTO A CARNE COZINHA, corte o limão ao meio e despeje o molho de pimenta doce em uma tigela que vai à mesa. Sirva os mini-hambúrgueres com o limão e o molho de pimenta doce.

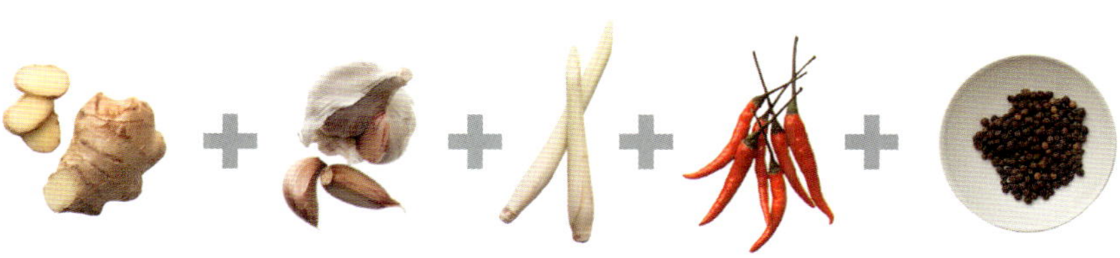

Homus Beirute 2 PORÇÕES PRONTO EM **10 MINUTOS**

Acho homus o máximo! Meu Homus Beirute é uma versão ligeiramente incrementada dessa pasta incrível. Preparo um homus deliciosamente leve e depois acrescento o doce e encantador cordeiro frito com pimenta, cominho e canela. O sabor do cordeiro temperado se espalha pelo homus e o torna ainda mais saboroso. Fica pronto em menos de 10 minutos, por isso sempre há tempo para comer um pouco de homus.

- 4 colheres (sopa) de azeite
- 115 g de carne de cordeiro moída
- ¼ de colher (chá) de pimenta-da-jamaica
- ¼ de colher (chá) de cominho em pó
- uma pitada de canela em pó
- 1½ limão
- 2 pães pita
- 2 xícaras (chá) de grão-de-bico em conserva (400 g)
- 1 dente de alho
- 2 colheres (sopa) de tahine
- sal marinho

AQUEÇA 1 COLHER (SOPA) DE AZEITE em uma frigideira em fogo alto e adicione o cordeiro. Frite por 2 minutos, em seguida reduza o fogo para médio. Adicione a pimenta-da-jamaica, o cominho, a canela e o suco de meio limão. Cozinhe por 2-3 minutos, mexendo de vez em quando, até que o cordeiro esteja cozido.

ENQUANTO O CORDEIRO COZINHA, coloque os pães pita em uma torradeira até ficarem crocantes. Escorra o grão-de-bico em uma peneira e lave bem. Elimine o excesso de água e leve ao liquidificador ou processador de alimentos com o azeite restante. Descasque o alho e leve ao liquidificador junto com o tahine e um quarto de xícara (chá) de água (55 ml). Tempere com sal, adicione o suco do limão restante e bata até ficar homogêneo. Sirva o homus coberto com o cordeiro e acompanhado de pão pita torrado.

Kebab Coreano 2 PORÇÕES PRONTO EM 10 MINUTOS

Na visita à tecnológica cidade de Seul, na Coreia do Sul, descobri pequenas barracas de comida em ruas transversais que serviam petiscos muito saborosos. Meu favorito foi esse kebab de carne bovina, assado na brasa e servido com uma pincelada de marinada viscosa e sementes de gergelim crocantes. O melhor é que é muito rápido e fácil de fazer e ainda tem um sabor de outro mundo.

175 g de filé
1 dente de alho
1½ colher (sopa) de molho de soja
2 colheres (chá) de mel
½ colher (chá) de pimenta-do-reino moída na hora
1 colher (chá) de óleo de gergelim
½ colher (chá) de óleo de amendoim
1 colher (chá) de semente de gergelim

CORTE O FILÉ em tiras longas e finas, com cerca de 2 mm de espessura e coloque-as em uma tigela.

AQUEÇA UMA CHAPA em fogo alto até ficar bem quente. Enquanto isso, descasque o alho e esprema-o na tigela com a carne. Adicione o molho de soja, o mel, a pimenta-do-reino, o óleo de gergelim e o óleo de amendoim. Misture bem, de modo a cobrir toda a carne. Em seguida, coloque as tiras em seis espetos de metal.

GRELHE OS KEBABS por 1-1½ minuto de cada lado até ficarem tostados por fora, mas rosados e suculentos no centro. Transfira os kebabs para uma travessa, polvilhe sementes de gergelim e sirva.

Sardinha Empanada Marroquina

2 PORÇÕES PRONTA EM **15 MINUTOS**

Comi esse petisco fabuloso pela primeira vez em Fez. Depois de um dia difícil, parei em uma portinha onde me serviram sardinhas crocantes num saco de papel junto com uma fatia de limão. Amei a textura da massa. Era uma mistura uniforme de farinha e semolina, que deu ainda mais crocância ao peixe. As especiarias sutis misturadas à massa realmente deram vida ao petisco. Basta um pouco de cominho e pimenta vermelha em pó para realçar os sabores.

- **óleo de girassol, para fritar**
- **⅓ de xícara (chá) de farinha de trigo (50 g)**
- **⅓ de xícara (chá) de semolina (50 g)**
- **2 colheres (chá) de cominho em pó**
- **1 colher (chá) de pimenta vermelha em pó**
- **8 sardinhas pequenas, limpas**
- **⅔ de xícara (chá) de iogurte (150 g)**
- **1 colher (chá) de harissa ou pasta de pimenta**
- **1 limão-siciliano**
- **sal marinho**

COLOQUE O ÓLEO em uma frigideira grande até obter 1 cm de profundidade e aqueça em fogo médio-alto. Enquanto isso, peneire a farinha em uma tigela grande e acrescente a semolina, o cominho, a pimenta vermelha em pó e o sal. Junte dois terços de xícara (chá) de água fria (150 g) e bata até formar uma massa espessa. Junte as sardinhas e misture delicadamente, até cobri-las por completo com a massa.

RETIRE O EXCESSO DE MASSA das sardinhas e frite-as em óleo quente por 3-4 minutos de cada lado, até ficarem bem douradas e cozidas. Retire com cuidado as sardinhas da frigideira e coloque-as para escorrer em papel-toalha.

ENQUANTO AS SARDINHAS ESCORREM, despeje o iogurte em uma tigela que vai à mesa e adicione a harissa. Tempere delicadamente com sal e misture bem. Corte o limão em fatias. Sirva as sardinhas com o iogurte de harissa e as fatias de limão.

Panqueca de Caranguejo e Cebolinha

2 PORÇÕES PRONTA EM **15 MINUTOS**

Esse é um lanche coreano clássico e eu sei que você vai adorar. Na verdade, é chamado de pajun. É uma panqueca de ovos temperada com molho de soja e pimenta e recheada com a adocicada carne de caranguejo, ervas frescas e molho de ostras. Normalmente, seria servida com kimchi picante – se conseguir encontrar perto de você, experimente. Mas a panqueca também é ótima sozinha.

- ⅓ de xícara (chá) de farinha de trigo (40 g)
- 1 ovo
- ¼ de colher (chá) de pimenta em flocos esmagada
- 1 colher (chá) de molho de soja light
- 3 cebolinhas
- um punhado de folha de coentro
- ⅔ de xícara (chá) de carne de caranguejo branco cozida (100 g)
- 1 cm de gengibre fresco
- 1 colher (sopa) de óleo de amendoim
- 2 colheres (sopa) de molho de ostra

DESPEJE A FARINHA em uma tigela grande, acrescente um quarto de xícara (chá) de água (60 ml) e um ovo inteiro. Tempere a pimenta em flocos e o molho de soja, e misture tudo até formar uma massa lisa.

APARE E PIQUE AS CEBOLINHAS e corte o coentro, e junte metade à massa. Misture bem. Coloque a outra metade em uma tigela e adicione o caranguejo. Descasque o gengibre, rale-o sobre o caranguejo e misture bem.

AQUEÇA METADE DO ÓLEO em uma frigideira grande em fogo médio e despeje metade da massa. Cozinhe por 1 minuto de cada lado e transfira para uma travessa. Mantenha a panqueca aquecida enquanto cozinhar a segunda panqueca.

PINCELE CADA PANQUECA com um quarto do molho de ostra. Divida a mistura de caranguejo em duas porções e distribua uma porção no centro de cada panqueca. Dobre as panquecas ao meio e transfira para pratos individuais. Regue cada porção com o molho de ostra restante e sirva.

Rolinho do Jonny **2** PORÇÕES PRONTO EM **15 MINUTOS**

Dim sum é uma obsessão minha. Sejam rolinhos de arroz superviscosos ou bocados delicados servidos em um hotel de alta classe em Hong Kong, para mim, nunca é demais. O ritual de assinalar quadradinhos em uma comanda, esperar pelo carrinho de vapor e, em seguida, mergulhar essa glória em vários condimentos de soja, pimenta ou vinagre é um prazer completo. Prepará-los, no entanto, não é tão divertido. Mas eu queria muito incluir algo do tipo neste livro. Depois de comer dim sum com folha de couve em um restaurante chamado Jonny na Coreia, pensei, "vamos lá!", e fiz essa versão rápida.

2 folhas grandes de couve lombarda
¼ de pimenta vermelha
1 cebolinha
um punhado pequeno de folha de coentro
150 g de camarão rosa cru sem casca
¼ de colher (chá) de cinco especiarias chinesas em pó
1 colher (chá) de molho de soja light, mais um pouco para servir
1 colher (sopa) de óleo de amendoim

COLOQUE A FOLHAS DE COUVE em uma tigela refratária e cubra com água fervente. Deixe amolecer por 2-3 minutos. Enquanto isso, tire as sementes da pimenta e apare a cebolinha. Leve a um liquidificador ou processador de alimentos e acrescente o coentro, os camarões, as cinco especiarias chinesas e o molho de soja. Bata até ficar homogêneo.

ESCORRA AS FOLHAS DE COUVE em uma peneira e esfrie-as em água corrente por alguns segundos, o suficiente para manuseá-las. Esprema delicadamente o excesso de água e coloque as folhas em uma tábua. Retire os talos e corte as folhas ao meio. Coloque um quarto da mistura de camarão em cada pedaço de couve, enrole e dobre as pontas. Eles devem ficar como rolinhos primavera arredondados.

AQUEÇA O ÓLEO em uma frigideira em fogo alto e coloque os rolinhos, com as pontas para baixo. Cozinhe por 2 minutos, em seguida despeje água fervente na frigideira até obter 2 mm de profundidade. Tampe, reduza o fogo para médio e cozinhe por 4 minutos. Retire a tampa e cozinhe por 2-3 minutos, até que a maior parte da água tenha evaporado e os rolinhos estejam cozidos. Sirva com molho de soja light.

Empanada Los Danzantes 2 PORÇÕES PRONTA EM **10 MINUTOS**

Tradicionalmente, empanadas são salgados mexicanos fritos que se parecem com pequenos pastéis. Elas são crocantes e deliciosas, mas demoram muito para preparar. Essa é uma versão rápida das empanadas. Uma tortilla macia de farinha faz o papel da massa, recheio com camarão, muçarela, tomates secos defumados, pimentas, cebolinha e coentro. Depois levo à frigideira até ficar crocante por fora e derreter o recheio. Como levam apenas 10 minutos para fazer, tenho certeza de que você vai me perdoar por não ser um purista da empanada.

2 cebolinhas
¼ de pimenta vermelha
⅓ de xícara (chá) de tomate seco em óleo, escorrido (55 g)
um punhado de folha de coentro
1 tortilla de farinha
1 colher (sopa) de azeite
60 g de muçarela
100 g de camarão descascado cozido
¼ de limão

APARE AS CEBOLINHAS, coloque-as em um miniprocessador de alimentos, adicione a pimenta, o tomate seco e o coentro, e bata até formar uma pasta grosseira. Coloque a tortilla numa tábua e espalhe a pasta ao centro, deixando 1 cm livre em torno das bordas.

AQUEÇA O AZEITE em uma frigideira antiaderente em fogo alto. Enquanto isso, corte a muçarela em pedaços pequenos e coloque sobre metade da tortilla, junto com os camarões. Molhe o dedo em água fria e passe na borda da tortilla. Dobre-a ao meio e aperte bem as bordas para fechar.

COLOQUE A EMPANADA com cuidado na frigideira quente, reduza o fogo para médio e frite por 1½-2 minutos de cada lado, até que fique totalmente quente e dourada. Divida a empanada ao meio e transfira para dois pratos. Corte o limão ao meio e sirva com cada empanada.

Dosa Rosti 2 PORÇÕES PRONTO EM **15 MINUTOS**

Meu dosa rosti é um lanche super-rápido com inspiração sul-indiana. A batata e a cebola ralada cozinham rapidamente e absorvem todo o sabor dos temperos. Adoro a camada adicional de picância do picles de limão espalhado sobre o pão roti. Isso é fast-food ao estilo indiano.

1 batata grande (cerca de 200 g)
½ cebola roxa
1 colher (chá) de cominho em pó
1 colher (chá) de coentro em pó
¼ de colher (chá) de pimenta vermelha em pó
¼ de colher (chá) de cúrcuma
2 colheres (sopa) de óleo de amendoim
1 colher (chá) de semente de mostarda
1 tomate
um punhado de folha de coentro
2 pães indianos roti
1 colher (sopa) de picles de limão picante
½ limão
sal marinho

DESCASQUE A BATATA e a cebola e rale as duas em uma tigela. Adicione o cominho, o coentro, a pimenta vermelha em pó, a cúrcuma, o sal e misture bem.

AQUEÇA O ÓLEO em uma frigideira grande em fogo alto e adicione as sementes de mostarda. Deixe tostar por alguns segundos, depois despeje as batatas e a cebola, e refogue por 3 minutos. Adicione um terço de xícara (chá) de água (100 ml), misture bem, tampe e reduza o fogo para médio. Cozinhe por 4-5 minutos, mexendo ocasionalmente, até ficar macio.

ENQUANTO A BATATA COZINHA, divida o tomate ao meio, retire as sementes e corte em pedacinhos. Pique as folhas de coentro e reserve.

COLOQUE OS PÃES ROTI em uma tábua e espalhe o picles de limão uniformemente em cada um. Antes de servir, esprema o suco do limão sobre as batatas cozidas e misture bem. Divida a mistura de batata entre os pães roti, polvilhe o tomate e o coentro picados e sirva.

MAGIA DE MUMBAI, VACAS SAGRADAS E PANEER

A cidade de Mumbai é farta em comida de rua. É ela que alimenta as massas. Se você estiver em busca de um almoço rápido, um lanche saboroso ou uma bebida refrescante, encontrará em Mumbai. As pessoas são ferozmente leais a suas barracas favoritas, algumas das quais passam de geração a geração. Na verdade, meus amigos Lizzie e Amish travaram uma verdadeira disputa do chai, me levando para seus chai wallahs favoritos e ficando irritados só de pensar que eu iria preferir a bebida de outro lugar – só para constar, o meu preferido foi o chai da Bolsa de Valores da Índia!

Percorri a cidade na garupa da moto do meu amigo, zigue zagueando entre Mercedez com insulfilme, riquixás, carrinhos e vacas dorminhocas até chegar às melhores barracas de comida. Nós comemos chaats e pakoras em Chhatrapati Shivaji, e doces parsi em Marine Drive. Experimentamos vários puris e kulfi da praia de Chowpatty e bebemos lassis salgados em canecas de barro nas ruelas de Dharavi.

Uma tenda enfumaçada grelhava pedaços de paneer e os encharcava em um chutney verde superpicante. Era fantástico. O paneer suave e ligeiramente borrachudo é o veículo ideal para o chutney explosivo, absorvendo todo o sabor e alguma picância. O prato é simples de preparar, incrivelmente saboroso e leva apenas alguns minutos para fazer.

YADAV CHAAT BHAN

Paneer Grelhado com Chutney de Menta

2 PORÇÕES PRONTO EM **10 MINUTOS**

Nessa minha versão do lanche indiano clássico, o paneer grelhado, adicionei um pouco de coco ao chutney, já que esse ingrediente combina com a hortelã, a pimenta e o coentro. O coco também parece unir todos os ingredientes frescos, de modo que a fusão dos sabores cria algo novo. Espero que o sr. Paneer Wallah em Uah Kham Murg, na ensolarada Mumbai, tenha ficado orgulhoso de mim.

1 pimenta verde
¼ de cebola roxa
dois punhados grandes de folha de hortelã
½ colher (chá) de coentro em pó
1 tomate
30 g de leite de coco
½ limão
150 g de paneer (queijo indiano)
1 colher (sopa) de azeite
sal marinho

CORTE O TOPO DA PIMENTA a role-a entre as mãos para tirar as sementes. Coloque-a em um processador de alimentos junto com a cebola descascada. Acrescente as folhas de hortelã, o coentro, o tomate, o leite de coco, 3 colheres (sopa) de água e o sal. Adicione o suco do limão. Bata até ficar homogêneo e transfira para uma tigela que vai à mesa. Cubra e reserve.

AQUEÇA UMA CHAPA em fogo alto até ficar bem quente. Enquanto isso, corte o paneer em pedaços de 1 cm de espessura e pincele com um pouco de óleo. Grelhe por 1-1½ minuto de cada lado, até tostar. Transfira para um prato e sirva com o chutney de hortelã incrivelmente verde.

Milho Frito Picante

2 PORÇÕES PRONTO EM **10 MINUTOS**

Alguns anos atrás, eu estava na Tailândia para o Ano-Novo com toda a família. Ficamos em uma bela casa em Phuket onde fomos completamente mimados pela fantástica chef Jitty. Ela cozinha como um anjo celeste saído do paraíso da culinária, e cada refeição era um completo prazer. Jitty percebeu que éramos um bando de britânicos gulosos, o que abriu as comportas para dezenas de petiscos ao longo do dia. Seu milho incrível era servido ao pôr do sol, acompanhado de cerveja gelada, à beira da piscina. Eu não posso oferecer pôr do sol na Tailândia ou uma piscina, mas faça esse milho, pegue uma cerveja e você vai ficar feliz.

3 xícaras (chá) de óleo de girassol (750 ml)
1⅔ xícara (chá) de milho em lata (250 g)
4 colheres (sopa) de farinha de milho
1 colher (chá) de pimenta vermelha em pó
1 colher (chá) de cinco especiarias chinesas em pó
sal marinho

AQUEÇA O ÓLEO em uma panela funda em fogo alto. Enquanto isso, escorra bem o milho em uma peneira e depois o coloque-o em uma tigela e adicione a farinha de milho, a pimenta vermelha em pó, as cinco especiarias chinesas e uma colher e meia (sopa) de água fria. Misture bem até o milho ser completamente coberto pela farinha e os temperos.

COM UMA ESCUMADEIRA, transfira com cuidado o milho para o óleo quente. Mexa e deixe fritar por 3 minutos ou até ficar dourado e crocante. Retire do óleo e escorra bem em papel-toalha. Coloque o milho em tigelas e tempere com sal. Sirva com cervejas geladas.

NÃO É BEM UM ALMOÇO...

Essas são minhas receitas favoritas para um café da manhã preguiçoso, um almoço antecipado ou um brunch. Elas me lembram as férias, o que é sempre uma coisa boa, quando você pode levantar no horário que quiser e fazer uma refeição longa e descontraída no início da manhã. Meu Ovo assado com lentilha e queijo de cabra leva apenas 15 minutos para preparar e sempre faz sucesso. O fantástico Bolinho cochin de caranguejo, temperado com folhas de curry e pimenta, vai levá-lo para o litoral quente do sul da Índia. E meu belo e doce Damasco Villa Dinari com iogurte, embebido em suco de laranja, canela e mel fica pronto em apenas 10 minutos. A receita mais demorada deste capítulo leva 25 minutos para preparar e cozinhar.

Focaccia de Chouriço e Pimenta

2 PORÇÕES PRONTA EM **10 MINUTOS**

Esse prato super-rápido é basicamente um sanduíche aberto. O recheio de chouriço faz a maior parte do trabalho, e as sementes de erva-doce, a pimenta e o alho deixam o sabor ainda melhor. Tomates-cereja suculentos, rúcula picante e queijo pecorino salgado complementam todos os sabores necessários para criar um sanduíche incrível – e leva apenas 10 minutos para ficar pronto.

200 g de focaccia
1½ colher (sopa) de azeite, mais um pouco para servir
150 g de chouriço, em uma única peça
2 dentes de alho
1 colher (chá) de semente de erva-doce
¼ de colher (chá) de pimenta em flocos esmagada
⅔ de xícara (chá) de tomate-cereja (100 g)
1 limão
dois punhados de rúcula
30 g queijo pecorino

PREAQUEÇA A GRELHA em temperatura alta. Enquanto isso, corte a focaccia ao meio, na horizontal. Com os dedos, retire um pouco do miolo de cada metade. Regue as metades com meia colher (sopa) de azeite e leve à grelha por 2½-3 minutos, até dourar.

ENQUANTO A FOCACCIA GRELHA, fatie o chouriço em pedaços pequenos. Descasque e fatie o alho. Aqueça o azeite restante em uma frigideira em fogo médio e adicione o chouriço, o alho, a erva-doce e a pimenta em flocos. Misture bem e cozinhe por 3-4 minutos, mexendo de vez em quando, até o chouriço dourar nas bordas.

CORTE OS TOMATES-CEREJA em quatro enquanto o chouriço cozinha. Depois, coloque-os no centro das metades de focaccia grelhadas.

COLOQUE A FOCACCIA em uma tábua. Divida o limão ao meio, esprema o suco de uma metade na frigideira com o chouriço e misture bem. Transfira o delicioso chouriço dourado para a focaccia, junto com todos os sucos da panela. Espalhe a rúcula e rale o queijo. Sirva com o limão restante e um vidro de azeite na mesa.

MESQUITAS IMPONENTES, O AZUL INTENSO DO BÓSFORO E A PIZZA TURCA

Istambul é uma cidade deslumbrante. Estende-se por ambas as margens do poderoso Bósforo, o estreito que divide a Europa e a Ásia. O lado europeu é lar da bela Mesquita Azul, cujos enormes minaretes apequenam os edifícios circundantes, e do surpreendente Grande Bazar, repleto de especiarias, frutas secas e petiscos. Um rápido passeio de barco pelas águas azul-turquesa leva você ao lado asiático da cidade, muito mais descontraído.

Quando atravessei de barco para o lado asiático, era dia de jogo entre Istambul Buyuk e Ankaraspor. Istambul goleou por 3x0! Dia de jogo significa que havia comida em toda parte. Foi incrível. Nós perambulamos pela cidade, absorvendo a atmosfera, tomando cervejas geladas e comendo petiscos deliciosos, como kasarli, um sanduíche turco de queijo, e o apetitoso simit, um pão macio em forma de rosca coberto de sementes de gergelim crocantes, além de peixe picante e kebabs de cebola.

Toda a comida de rua vinha acompanhada de pequenos frascos de vidro cheios de pimenta vermelha turca em flocos, que tem um sabor suave e defumado, como uma mistura de tomate seco e pimenta vermelha seca. O sabor funciona muito bem com a comida assada na brasa.

A comida de rua de que mais gostei foi lahmacun ou pizza turca. Esse petisco fabuloso, que felizmente pode ser encontrado por toda a cidade, é feito com uma base crocante e consistente, coberta de carne bovina ou cordeiro moído, especiarias, tomate e ervas. Vem sempre acompanhado das maravilhosas pimentas em flocos e de fatias de limão para refrescar e exagerar todos os sabores. Eu me apaixonei por esse petisco e tenho a satisfação de dizer que criei uma versão super-rápida: minha Pizza turca lahmacun pode ser feita em apenas 10 minutos.

GREEN PEPPER
90
WHITE PEPPER
60

KORNİŞON
LAHANA
DOMATES
KARIŞIK TURŞU
10.00TL
SARIMSAK
12.00TL
PATLICAN DOLMA
LAHANA DOLMA
ANKARA (çubuk)
ANTEP
DOMATES
SALÇASI
10₺
KIRMA
ZEYTİN 10₺

Pizza Turca Lahmacun 2 PORÇÕES PRONTA EM 10 MINUTOS

1½ colher (sopa) de azeite
200 g de cordeiro moído
2 dentes de alho
½ colher (chá) de páprica doce
½ colher (chá) de cominho em pó
¼ de colher (chá) de canela em pó
1 limão-siciliano
½ tomate
1 colher (sopa) de pasta de tomate seco
2 tortillas de farinha
um punhado de folha de hortelã
um punhado de folha de salsinha
uma pitada de pimenta em flocos esmagada
sal marinho

PREAQUEÇA A GRELHA em fogo alto. Enquanto isso, aqueça 1 colher (sopa) de azeite em uma frigideira grande em fogo alto. Adicione o cordeiro e mexa bem. Descasque e esmague o alho, adicione a páprica, o cominho e a canela, depois o sal. Esprema o suco de meio limão e refogue por 3-4 minutos, até que o cordeiro esteja cozido e dourado. Retire do fogo e reserve.

RETIRE AS SEMENTES de meio tomate e corte em fatias finas. Junte o tomate ao cordeiro refogado e adicione a pasta de tomate seco. Misture bem.

COLOQUE AS TORTILLAS em uma grelha e pincele com o azeite restante. Com uma colher, coloque o cordeiro temperado sobre as tortillas e grelhe por 1-2 minutos, até que as tortillas fiquem com as bordas crocantes.

ENQUANTO O LAHMACUN GRELHA, pique as ervas e corte o limão restante em quatro. Espalhe as ervas e a pimenta em flocos sobre o lahmacun pronto e sirva com as fatias de limão.

Ovo Mexido com Salmão Defumado, Limão e Gengibre

2 PORÇÕES PRONTO EM **10 MINUTOS**

Salmão defumado é um ótimo ingrediente rápido. É muito saboroso sem que você precise fazer nada. Eu simplesmente incrementei o salmão com um belo molho oriental à base de molho de soja, óleo de gergelim, pimenta vermelha em pó, suco de limão e gengibre, que vão bem com peixes gordurosos. A adição de um bagel e de ovos cremosos faz desse um prato para o café da manhã, e as sementes de abóbora criam alguma textura.

1½ colher (chá) de molho de soja
½ colher (chá) de óleo de gergelim
uma pitada de pimenta vermelha em pó
1 limão
5 mm de gengibre fresco
140 g de salmão defumado fatiado
1 pão bagel
10 g de manteiga
4 ovos
6 cebolinhas francesas
um punhado de folha de espinafre
1 colher (sopa) de semente de abóbora
sal marinho e pimenta-do-reino moída na hora

COLOQUE O MOLHO DE SOJA e o óleo de gergelim em um prato raso. Junte a pimenta vermelha em pó, o suco do limão e o gengibre descascado e ralado no prato. Misture com um garfo, adicione o salmão e misture delicadamente mais uma vez. Cubra e reserve.

DIVIDA O BAGEL AO MEIO e coloque-o na torradeira. Enquanto isso, derreta a manteiga em uma frigideira em fogo médio. Quebre os ovos em uma tigela, tempere com sal e pimenta-do-reino e misture bem. Despeje os ovos na frigideira com a manteiga derretida e deixe por 45 segundos, até eles começarem a firmar. Mexa bem e cozinhe por mais 1-2 minutos, mexendo sempre, até os ovos estarem 80% cozidos. Em seguida, retire a panela do fogo — os ovos continuarão a cozinhar um pouco.

PONHA AS METADES DO BAGEL TORRADO em um prato. Com uma colher, coloque os ovos sobre o pão e use uma tesoura para cortar a cebolinha e polvilhar sobre os ovos. Coloque o espinafre e as sementes de abóbora no prato com o salmão e misture bem. Divida o salmão com espinafre entre os dois pratos e sirva.

Kedgeree de Hadoque Defumado e Molho Verde

2 PORÇÕES PRONTO EM **20 MINUTOS**

PARA O KEDGEREE
- 1 xícara (chá) de arroz basmati (200 g)
- 2 ovos
- 1 colher (sopa) de azeite
- 140 g de hadoque defumado
- ½ xícara (chá) de ervilha congelada (85 g)
- 3 bagas de cardamomo
- 2 colheres (sopa) de creme de leite (opcional)
- pimenta-do-reino moída na hora

PARA A CHUMULA
- 1 dente de alho
- ½ pimenta verde
- dois punhados de folha de coentro
- dois punhados de folha de salsinha
- 1 colher (chá) de páprica
- 1 colher (chá) de cominho em pó
- 2 colheres (chá) de açúcar
- ¼ de xícara (chá) de azeite (60 ml)
- 1 limão-siciliano
- sal marinho

COZINHE O ARROZ em água fervente por 10-12 minutos, até ficar macio ou conforme indicado na embalagem. Escorra em uma peneira e reserve.

ENQUANTO ISSO, cozinhe os ovos em uma panela de água fervente por 7½ minutos até ficarem no ponto perfeito. Retire com uma escumadeira e coloque-os em uma tigela com água fria para resfriar.

DESCASQUE O ALHO para a chumula. Depois, coloque todos os ingredientes, exceto o limão, em um miniprocessador de alimentos ou liquidificador. Adicione o suco do limão e o sal. Bata até formar uma pasta grossa e reserve para que os sabores se misturem.

AQUEÇA O ÓLEO para o kedgeree em uma frigideira grande em fogo baixo. Desfie o hadoque defumado e adicione as ervilhas e o cardamomo. Cozinhe em fogo brando por 3-4 minutos, mexendo de vez em quando, até que o peixe esteja cozido e as ervilhas, aquecidas. Acrescente a chumula, o arroz cozido e o creme de leite, se for usar. Tempere com pimenta-do-reino. Misture com cuidado e continue a cozinhar por mais 2-3 minutos para todos os sabores se integrarem.

DESCASQUE OS OVOS e divida-os ao meio, enquanto cozinha o kedgeree. Sirva o kedgeree com os ovos.

Bolinho Cochin de Caranguejo

2 PORÇÕES PRONTO EM **15 MINUTOS**

Meu Bolinho cochin de caranguejo é a perfeita refeição light. Eles são feitos com caranguejo suculento, tomate, coentro e cebolinha para refrescar o paladar. Por fim, sementes de mostarda, folhas de curry, cúrcuma e pimenta vermelha garantem os sabores do sul da Índia. O toque de limão ao final acentua ainda mais todas as especiarias, e, em apenas 15 minutos, você prepara uma refeição incrível.

- 2 colheres (sopa) de óleo de amendoim
- 1 colher (chá) de semente de mostarda
- uma pitada grande de folha seca de curry
- ¼ de colher (chá) de cúrcuma
- ½ colher (chá) de pimenta vermelha em pó
- 3 cebolinhas
- 5 tomates-cereja
- um punhado de folha de coentro
- 1½ xícara (chá) de carne de caranguejo branco cozida (200 g)
- ¾ de xícara (chá) de pão fresco ralado (60 g)
- 1 ovo pequeno
- 1 limão
- sal marinho

AQUEÇA 1 COLHER (SOPA) DE ÓLEO em uma frigideira pequena em fogo médio e adicione as sementes de mostarda. Frite por 30 segundos, sacudindo a frigideira constantemente, até que as sementes comecem a estalar. Quebre as folhas de curry entre as mãos e junte à frigideira, em seguida retire a frigideira do fogo. Adicione a cúrcuma e a pimenta vermelha em pó e reserve.

APARE E PIQUE AS CEBOLINHAS, os tomates-cereja e o coentro. Transfira tudo para uma tigela. Junte o caranguejo, o pão ralado e tempere com sal. Adicione as especiarias e o óleo da frigideira, em seguida quebre o ovo e misture bem. Divida a mistura em quatro e forme bolinhos achatados como pequenos hambúrgueres com cerca de 1 cm de espessura.

AQUEÇA O ÓLEO RESTANTE em uma frigideira grande em fogo médio e frite os bolinhos de caranguejo por 2 minutos de cada lado ou até ficarem completamente dourados e aquecidos. Corte o limão em fatias e sirva com os bolinhos quentes.

Torta de Camarão com Salsa Mexicana

2 PORÇÕES PRONTA EM **20 MINUTOS**

PARA A TORTA DE CAMARÃO
200 g de batatas
1 dente de alho
4 cebolinhas
um punhado de folha de coentro
175 g de camarão rosa cru e descascado
30 g de queijo meia cura duro
½ ovo
⅔ de xícara (chá) de farinha de trigo (80 g)
1 colher (sopa) de azeite, mais um pouco para untar
sal marinho e pimenta-do-reino moída na hora

PARA A SALSA MEXICANA
1 dente de alho
⅔ de xícara (chá) de tomate seco sob óleo, drenado (100 g)
1 pimenta chipotle seca
1 colher (sopa) de azeite
½ limão

PIQUE AS BATATAS COM CASCA em cubos de 1 cm e cozinhe em água fervente por 8 minutos ou até ficarem macias. Escorra em uma peneira e jogue na água fria para resfriar, depois escorra novamente. Retorne as batatas para a panela e amasse-as levemente. Reserve.

ENQUANTO AS BATATAS COZINHAM, descasque o alho e corte as cebolinhas, transfira para um processador de alimentos junto com o coentro e bata até picar tudo grosseiramente. Adicione os camarões e o queijo meia cura duro e bata até formar uma pasta grosseira. Coloque a pasta em uma tigela grande, adicione o ovo e a farinha e tempere com sal e pimenta-do-reino. Transfira o purê de batatas para a tigela e misture bem até obter uma consistência similar à de massa de bolo.

AQUEÇA O AZEITE em uma frigideira pequena em fogo alto. Com uma colher grande, espalhe a massa de batata na frigideira até cobrir toda a base. Reduza o fogo para médio e cozinhe por 1½-2 minutos, sacudindo a panela de vez em quando, até dourar de um lado.

ENQUANTO ISSO, PARA FAZER A SALSA, descasque o alho e coloque em um miniprocessador de alimentos ou liquidificador junto com os tomates secos, a pimenta e o azeite. Esprema o suco do limão, tempere com sal e misture até formar uma pasta lisa. Transfira a salsa para uma tigela e reserve.

QUANDO A TORTA DOURAR em um dos lados, unte um prato e coloque-o com cuidado de boca para baixo sobre a frigideira com a torta semicozida. Segure o prato e o cabo da frigideira e vire com cuidado a frigideira para depositar a torta no prato. Devolva a torta à frigideira e cozinhe por mais 1½-2 minutos, até dourar. Sirva com a salsa picante e defumada.

Ovo Assado com Lentilha e Queijo de Cabra

2 PORÇÕES PRONTO EM **15 MINUTOS**

Ovo assado está na moda, e por boas razões: é delicioso e exige pouco esforço. Meu ovo assado fica sobre uma base de lentilha, sálvia, pimenta vermelha e cebolinha. Adiciono pasta de tomate seco e páprica para dar ainda mais sabor, sem tomar tempo extra. Um último toque de queijo de cabra salgado, que derrete nos ovos enquanto eles terminam de cozinhar, finaliza perfeitamente o prato.

- 1 dente de alho
- 3 cebolinhas
- ½ pimenta vermelha
- 8 folhas de sálvia
- 2 colheres (sopa) de azeite
- 1½ xícara (chá) de lentilha verde enlatada (400 g)
- ⅔ de xícara (chá) de passata de tomate (150 g)
- 1 colher (sopa) de pasta de tomate seco
- 2 ovos
- 55 g de queijo de cabra
- ¼ de colher (chá) de páprica
- 2 fatias de pão integral multigrãos
- sal marinho e pimenta-do-reino moída na hora

PREAQUEÇA O FORNO em temperatura alta. Enquanto isso, descasque o alho e apare as cebolinhas. Pique o alho, as cebolinhas, a pimenta vermelha e a sálvia. Aqueça 1 colher (sopa) de azeite em uma frigideira grande que vai ao forno em fogo médio e adicione os ingredientes picados. Cozinhe por 3-4 minutos, mexendo de vez em quando, até as cebolinhas começarem a amolecer.

LAVE E ESCORRA AS LENTILHAS e coloque-as na frigideira. Adicione a passata de tomate e a pasta de tomate seco. Tempere com uma boa pitada de sal e pimenta-do-reino e misture bem.

FAÇA DOIS BURACOS RASOS na lentilha e quebre os ovos. Esfarele o queijo de cabra por cima e coloque uma pequena pitada de páprica e de sal em cada ovo. Leve ao forno por 4-5 minutos, até que os ovos estejam firmes, mas com a gema mole.

COLOQUE O PÃO NA TORRADEIRA enquanto os ovos assam. Regue o azeite restante sobre os ovos assados e sirva com a torrada.

Ovo Parsi 2 PORÇÕES PRONTO EM 15 MINUTOS

Esse foi o meu café da manhã em um pequeno café parsi em Mumbai depois de uma longa viagem noturna de trem a partir de Goa. Os ovos ganharam sabores indianos com várias especiarias, além de legumes e coentro fresco. Era o começo de um dia perfeito em uma cidade magnífica.

4 ovos
¼ de colher (chá) de pimenta vermelha em pó
½ colher (chá) de coentro em pó
¼ de colher (chá) de garam masala
1 dente de alho
3 cebolinhas
1 tomate
um punhado de folha de coentro
2 fatias de pão integral
1 colher (sopa) de azeite
⅓ de xícara (chá) de ervilha congelada (55 g)
⅓ de xícara (chá) de milho em conserva (85 g)
sal marinho

QUEBRE OS OVOS em uma tigela e adicione a pimenta vermelha em pó, o coentro e o garam masala. Tempere com sal, misture e reserve.

DESCASQUE O ALHO e apare as cebolinhas. Pique o alho, as cebolinhas, o tomate e o coentro. Reserve, deixando o coentro em uma tigela separada. Coloque o pão na torradeira enquanto prepara os ovos.

AQUEÇA O AZEITE em uma frigideira grande em fogo alto. Junte o alho, as cebolinhas e o tomate. Refogue por 2 minutos ou até que o tomate comece a partir e seque um pouco.

ADICIONE AS ERVILHAS e o milho e misture bem. Reduza o fogo para médio e despeje os ovos. Misture muito bem e deixe cozinhar por 1 minuto. Acrescente o coentro e cozinhe por 1-2 minutos, mexendo sempre, até os ovos ficarem firmes. Sirva com torradas.

Torta de Queijo de Cabra da Mesquita Azul

2 PORÇÕES PRONTA EM **25 MINUTOS**

Minha torta de queijo de cabra é uma versão do clássico lanche turco börek. Faço uma torta grande em vez das complicadas porções individuais, e recheio com pimenta, cebolinha, azeitona, nozes, estragão, queijo de cabra e páprica.

1 pimenta verde
3 cebolinhas
⅓ de xícara (chá) de azeitona verde sem caroço (55 g)
½ xícara (chá) de nozes (55 g)
um punhado grande de folha de estragão
125 g de queijo de cabra macio
¼ de colher (chá) de páprica
1 limão-siciliano
2 colheres (sopa) de azeite
3 folhas de massa filo, descongelada
⅓ de xícara (chá) de iogurte (100 g)
sal marinho e pimenta-do-reino moída na hora

PREAQUEÇA O FORNO a 180°C. Corte o topo da pimenta e role-a entre as mãos para tirar as sementes. Apare as cebolinhas. Coloque a pimenta e as cebolinhas em um processador de alimentos e acrescente a azeitona, as nozes e o estragão. Bata até picar grosseiramente. Em seguida, adicione o queijo de cabra e a páprica. Junte o suco de meio limão e tempere com sal e pimenta-do-reino. Bata rapidamente para misturar tudo.

PEGUE UM PEDAÇO DE PAPEL-MANTEIGA grande o suficiente para caber em uma assadeira, e amasse-o com as mãos – isso impede que os lados enrolem. Achate o papel-manteiga em uma tábua de cozinha e pincele com azeite. Coloque uma folha da massa filo sobre o papel-manteiga e pincele com azeite (cubra a massa não utilizada com um pano de prato úmido para evitar que ela seque). Coloque outra folha de massa filo por cima e pincele com azeite.

COM UMA COLHER, coloque o recheio no centro da massa e espalhe-o em forma de retângulo com 1,5 cm de espessura. Cubra com a última folha de massa filo e dobre as laterais para formar um retângulo perfeito. Pincele o topo da torta com azeite e tempere com sal e pimenta-do-reino.

TRANSFIRA A TORTA para uma assadeira, usando o apoio do papel-manteiga. Leve ao forno por 15-18 minutos até dourar. Enquanto isso, coloque o iogurte em uma tigela, esprema o suco do meio limão restante e tempere com sal e pimenta-do-reino. Misture bem. Sirva a torta quente com o iogurte temperado.

Zaatar Grego com Salada de Cuscuz

2 PORÇÕES PRONTO EM **15 MINUTOS**

PARA O ZAATAR GREGO
1 colher (sopa) de sumagre
1 colher (sopa) de orégano seco
3 colheres (chá) de semente de gergelim
200 g de queijo grego
2 colheres (sopa) de azeite

PARA O CUSCUZ
⅓ de xícara (chá) de cuscuz (60 g)
1 pimenta vermelha
um punhado de folha de salsa
1 colher (sopa) de alcaparra
1 colher (sopa) de azeite
½ limão-siciliano
sal marinho e pimenta-do-reino moída na hora (opcional)

PARA FAZER O ZAATAR, misture o sumagre, o orégano, as sementes de gergelim e uma boa pitada de sal em uma tigela.

COLOQUE METADE DO ZAATAR em uma tigela grande e adicione o cuscuz. Misture com um garfo. Despeje um terço de xícara (chá) de água quente (90 ml), cubra com filme de PVC e reserve, para o cuscuz absorver a água. Isso levará cerca de 10 minutos.

ENQUANTO ISSO, CORTE O TOPO da pimenta e role-a entre as mãos para tirar as sementes. Pique a pimenta e a salsa. Escorra e pique as alcaparras. Reserve.

CORTE O QUEIJO GREGO em fatias de 5 mm e aperte cada fatia sobre o zaatar, de modo a cobrir um lado com uma fina camada de especiarias. Aqueça o azeite numa frigideira grande em fogo médio. Coloque o queijo com o lado temperado para baixo, e frite por 2-3 minutos de cada lado até dourar. Retire a panela do fogo e reserve enquanto você termina a salada.

QUANDO O CUSCUZ tiver absorvido toda a água, afofe-o com um garfo, adicione o azeite e o suco do limão. Acrescente a pimenta picada, a salsinha e as alcaparras, tempere com uma pitada de sal e, se necessário, pimenta-do-reino. Sirva o cuscuz com o delicioso queijo frito.

Rabanada de Laranja e Cardamomo

2 PORÇÕES PRONTA EM **15 MINUTOS**

Minha Rabanada de laranja e cardamomo não irá decepcionar os amantes de doces. A rabanada é frita em uma mistura de manteiga, cardamomo, uvas-passas brancas e laranja até ficar crocante. O cardamomo dá sabor, e as passas incham com os sucos perfumados. Uso o xarope de bordo para um toque final, pois amo a doçura levemente defumada que ele leva ao prato.

2 ovos
⅓ de xícara (chá) de leite (100 ml)
1 laranja
1 colher (sopa) de açúcar de confeiteiro
4 fatias grossas de pão branco (cerca de 1 cm de espessura)
40 g de manteiga
½ xícara (chá) de uva-passa branca (55 g)
6 bagas de cardamomo
3 colheres (sopa) de xarope de bordo

QUEBRE OS OVOS em uma tigela e despeje o leite. Adicione as raspas de laranja, o açúcar de confeiteiro e misture. Coloque o pão em um prato raso e cubra-o com a mistura de ovos. Garanta que os dois lados fiquem bem embebidos, de modo a absorver quase todo o líquido. Reserve.

COLOQUE A MANTEIGA e as uvas em uma frigideira grande em fogo médio. Gentilmente esmague os cardamomos, pressionando com a lateral de uma faca, em seguida, junte à manteiga. Corte a laranja em quatro e esprema um pedaço na frigideira. Misture bem e cozinhe por 1 minuto ou até que a manteiga derreta.

COLOQUE O PÃO na frigideira e frite por 2½-3 minutos de cada lado, até dourar, sacudindo a panela de vez em quando. Sirva em dois pratos e esprema o restante da laranja sobre as rabanadas. Regue com o xarope de bordo e sirva com as uvas.

Damasco Villa Dinari com Iogurte

2 PORÇÕES PRONTO EM **10 MINUTOS**

Durante minha passagem pelo Marrocos, fiz o jantar com os chefs na bela Villa Dinari. Preparamos um banquete no qual servimos um maravilhoso tagine de cordeiro e pera, finalizado com damascos secos cozidos lentamente em açúcar e canela. Estava fantástico. Pensei que os damascos, com uma pequena modificação, ficariam excelentes acompanhados de uma tigela grande de iogurte cremoso. Nessa minha versão para um café da manhã rápido, cozinho os damascos por 2 minutos em manteiga, laranja, canela e mel. Depois de incharem ao máximo, eles vão direto para a tigela receber a cobertura de iogurte e nozes crocantes.

30 g de manteiga
¾ de xícara (chá) de damasco seco (150 g)
½ colher (chá) de canela em pó
2 colheres (sopa) de mel
½ laranja
1 xícara (chá) de iogurte (250 g)
½ xícara (chá) de nozes (55 g)

AQUEÇA A MANTEIGA em uma frigideira em fogo médio e junte os damascos, a canela e o mel.

ADICIONE O SUCO da laranja e misture bem. Cozinhe por 5-6 minutos, mexendo ocasionalmente, até os damascos incharem e a calda engrossar. Coloque os damascos e a fascinante calda em duas tigelas. Cubra com iogurte e nozes. Sirva em seguida.

SALVAÇÃO DA SEMANA

Minha salvação da semana é tudo o que você precisa para aqueles momentos cruciais quando chega tarde do trabalho e precisa comer imediatamente. Nada de perder tempo! Essas receitas são rápidas, refrescantes e iradas. Prove meu divino Amok cambojano de frutos do mar, um curry de coco que fica pronto em apenas 15 minutos, ou minha Salada de porco Little South Island, com pedaços de laranja suculenta e erva-doce crocante, temperada com cinco especiarias chinesas e pimenta em flocos. Neste capítulo também está o poderoso Hambúrguer do Bósforo, um suculento hambúrguer de carne temperado com especiarias e servido com gorgonzola. Essa criação épica leva apenas 15 minutos para ficar pronta, portanto você nunca mais será pego de surpresa pela fome. A maioria das receitas neste capítulo demora 20 minutos ou menos para preparar, e a mais longa leva apenas 25 minutos.

Curry de Frango com Canela e Hortelã de Goa

2 PORÇÕES PRONTO EM **20 MINUTOS**

Esse prato clássico de Goa é um dos meus curries favoritos. É vibrante na cor, fresco no sabor e, ainda melhor, muito simples de preparar. Coloque tudo em um liquidificador para fazer um molho incrível, frite o frango, regue com o molho e deixe cozinhar por alguns minutos. O que poderia ser mais simples?

- ⅔ de xícara (chá) de arroz basmati (120 g)
- 2 pimentas verdes
- 3 dentes de alho
- dois punhados grandes de folha e caule de coentro
- um punhado de folha de hortelã
- ½ colher (chá) de canela em pó
- ½ colher (chá) de pimenta-do-reino moída na hora
- 1 colher (chá) de açúcar
- 1½ colher (chá) de molho inglês
- 1 cm de gengibre fresco
- 1 limão
- 300 g de coxas de frango sem pele e desossadas
- 1 colher (sopa) de óleo de amendoim
- sal marinho

COZINHE O ARROZ em água fervente por 10-12 minutos, até ficar macio ou conforme indicado na embalagem. Escorra em uma peneira. Em seguida, cubra o arroz com um pano de prato limpo e reserve.

ENQUANTO ISSO, CORTE O TOPO das pimentas e role-as entre os dedos para retirar as sementes. Coloque as pimentas em um liquidificador ou processador de alimentos. Descasque o alho e leve ao liquidificador junto com as folhas e os talos de coentro, a hortelã, a canela, a pimenta-do-reino, o açúcar, o molho inglês e uma boa pitada de sal. Adicione o gengibre descascado, o suco do limão e um terço de xícara (chá) de água (100 ml). Bata até obter um molho homogêneo.

CORTE O FRANGO em tiras finas. Aqueça o óleo em uma frigideira em fogo alto. Adicione-o e frite por 5-6 minutos, até começar a dourar. Despeje o molho verde na frigideira e reduza o fogo para médio. Coloque um terço de xícara (chá) de água (100 ml) no liquidificador, bata e adicione o líquido na frigideira, para aproveitar até a última gota de sabor do molho. Misture bem e cozinhe por 5-6 minutos, mexendo de vez em quando, até que o frango esteja cozido e macio. Sirva com o arroz.

Refogado da Rua Phipp

2 PORÇÕES PRONTO EM **15 MINUTOS**

Eu vivo na rua Phipp, em Londres, e esse refogado foi inventado na minha cozinha depois de um longo dia de trabalho. Garimpei minha geladeira quase vazia, piquei tudo o que encontrei e refoguei com um pouco de macarrão. O resultado foi esse prato incrível. Espero que você fique tão satisfeito quanto eu quando precisar de uma boa refeição após um dia longo e tiver pouco tempo para cozinhar.

- 140 g de vermicelli de arroz
- 2 colheres (sopa) de óleo de amendoim
- 2 hastes de capim-limão
- 2 dentes de alho
- 1 pimenta vermelha
- 1 pé de minialface romana
- 2 coxas de frango sem pele e desossadas (cerca de 200 g)
- 2 colheres (chá) de molho de peixe
- 1 colher (sopa) de molho de soja light
- ½ limão

COZINHE O MACARRÃO em água fervente por 2-3 minutos, até ficar macio ou conforme indicado na embalagem. Escorra em uma peneira e regue com 1 colher (sopa) de óleo para evitar que o macarrão grude. Reserve.

ENQUANTO ISSO, PREPARE TUDO para o refogado. Retire as folhas exteriores duras do capim-limão e corte a ponta das hastes. Descasque o alho e corte o topo da pimenta. Coloque o capim-limão, o alho e a pimenta em um miniprocessador de alimentos e bata, até formar uma pasta. Retire o talo da alface e escolha as folhas. Corte o frango em tiras muito finas.

AQUEÇA O ÓLEO RESTANTE em um wok em fogo alto até ficar bem quente. Adicione o frango e refogue por 5-6 minutos até dourar nas bordas. Junte a pasta de temperos no wok e refogue por mais 30 segundos ou até os aromas se desprenderem. Adicione as folhas de alface, o molho de peixe, o molho de soja e o suco do limão. Refogue por 1-2 minutos, até que as folhas de alface murchem e o frango esteja cozido. Por último, acrescente o macarrão, misture tudo e sirva.

Frango Morita com Molho de Abacate

2 PORÇÕES PRONTO EM **20 MINUTOS**

PARA O FRANGO MORITA
- ⅔ de xícara (chá) de arroz basmati (120 g)
- 2 dentes de alho
- 1 colher (chá) de páprica defumada
- ½ colher (chá) de pimenta vermelha em pó
- 2 colheres (sopa) de pasta de tomate seco
- 1 colher (chá) de pasta de tamarindo
- ¼ de colher (chá) de açúcar
- 2 colheres (sopa) de azeite
- 2 peitos de frango sem pele
- sal marinho

PARA O MOLHO DE ABACATE
- 1 abacate
- 1 limão
- ⅓ de xícara (chá) de iogurte (100 g)
- um punhado pequeno de folha de coentro

PREAQUEÇA A GRELHA em fogo alto. Cozinhe o arroz em água fervente por 10-12 minutos, até ficar macio ou conforme indicado na embalagem. Escorra, cubra com um pano de prato limpo e reserve.

ENQUANTO ISSO, DESCASQUE O ALHO e coloque-o em um miniprocessador de alimentos junto com a páprica, a pimenta vermelha em pó, a pasta de tomate seco, a pasta de tamarindo, o açúcar, 1 colher (sopa) de azeite e uma boa pitada de sal. Bata até obter uma pasta lisa.

COLOQUE OS PEITOS DE FRANGO numa tábua de cozinha e, com um rolo de macarrão, bata até deixá-los com 1,5 cm de espessura. Fure todo o frango com um garfo e esfregue a pasta de temperos nos dois lados da carne. Leve o frango à grelha e cozinhe por 7-8 minutos, sem virar, até dourar de um dos lados.

ENQUANTO O FRANGO GRELHA, corte o abacate ao meio e retire o caroço. Retire a polpa com uma colher e leve ao liquidificador ou processador de alimentos. Adicione o suco de meio limão, o iogurte, o coentro, o azeite restante e uma boa pitada de sal. Bata até formar uma pasta lisa e coloque em uma tigela que vai à mesa. Cubra e reserve. Corte a metade de limão restante em duas fatias.

VIRE O FRANGO NA GRELHA e deixe por mais 7-8 minutos, até ficar completamente cozido e macio. Sirva o frango com uma fatia de limão e arroz cozido, acompanhado do molho de abacate.

Salada Oriental de Pato 2 PORÇÕES PRONTA EM 25 MINUTOS

- 1 colher (sopa) de azeite
- 2 peitos de pato (cerca de 165 g cada um)
- 350 g de melancia
- ½ pimenta vermelha
- ½ limão
- 2 colheres (sopa) de molho hoisin
- 1 colher (chá) de molho de soja light
- ¼ de colher (chá) de cinco especiarias chinesas em pó
- 2½ xícaras (chá) de agrião (75 g)
- um punhado de folha de hortelã
- ⅓ de xícara (chá) de castanha--de-caju (55 g)
- sal marinho

AQUEÇA O AZEITE em uma frigideira em fogo alto. Enquanto isso, com uma faca, faça marcas profundas na pele dos peitos de pato e tempere os dois lados com sal. Coloque com cuidado os peitos de pato na frigideira, com a pele para baixo, e reduza o fogo para médio. Cozinhe por 8-10 minutos até que a pele fique bem crocante.

ENQUANTO O PATO COZINHA, descasque a melancia e corte-a em pedaços pequenos, retirando as sementes aparentes. Transfira para uma tigela grande e reserve.

VIRE OS PEITOS DE PATO e cozinhe por mais 8-10 minutos até a carne ficar macia e rosada no centro, em seguida retire do fogo.

RETIRE AS SEMENTES E PIQUE A PIMENTA enquanto o pato termina de cozinhar. Coloque a pimenta na tigela com a melancia e regue com o suco do limão.

RETIRE O EXCESSO DE GORDURA da frigideira com o peito de pato. Adicione o molho hoisin, o molho de soja e as cinco especiarias chinesas em pó na frigideira e misture bem. Retire os peitos de pato da frigideira, corte-os em fatias grossas e reserve. Coloque o agrião, a hortelã e a castanha-de-caju na tigela com a melancia e misture bem. Sirva a salada com as belas fatias de pato, regadas com os sucos que ficaram na frigideira.

Tostada Oaxaca 2 PORÇÕES PRONTA EM 15 MINUTOS

Minha tostada foi inspirada nas maravilhosas tostadas gigantes do Mercado Central da cidade de Oaxaca, no México. Elas são deliciosas e vão à mesa quentes ou frias, crocantes ou macias, suaves ou picantes, salgadas ou azedas em cada mordida. E, como só levam 15 minutos para fazer, são verdadeiros salva-vidas no meio da semana.

2 colheres (sopa) de azeite
2 tortillas grandes
1 cebola roxa
2 dentes de alho
200 g de chouriço, em uma única peça
2 abacates maduros
1 pimenta verde
8 cebolinhas
um punhado de folha de coentro
1½ limão
1 tomate
55 g de queijo gruyère
uma pitada de páprica defumada
sal marinho

PREAQUEÇA A GRELHA EM FOGO ALGO. Enquanto isso, pincele 1 colher (sopa) de azeite nos dois lados das tortillas. Leve à grelha por ½-1 minuto de cada lado, até ficarem crocantes e douradas nas bordas. Retire da grelha e transfira para dois pratos.

DESCASQUE A CEBOLA ROXA E O ALHO, fatie a cebola e pique grosseiramente o alho e o chouriço. Aqueça o azeite restante em uma frigideira em fogo médio e despeje os ingredientes picados e fatiados. Misture bem e cozinhe por 5-6 minutos, mexendo de vez em quando, até dourar.

ENQUANTO ISSO, CORTE OS ABACATES ao meio e retire os caroços. Com uma colher, retire a polpa e leve a um miniprocessador de alimentos ou liquidificador. Corte o topo da pimenta, apare as cebolinhas. Junte a pimenta, as cebolinhas, o coentro, uma pitada de sal e o suco de meio limão no processador de alimentos. Bata até formar uma pasta grosseira.

FATIE O TOMATE, rale o queijo e corte o limão restante em quatro. Divida a mistura de abacate entre as duas tortillas e espalhe uniformemente com a ajuda de uma faca. Cubra com as fatias de tomate, o chouriço, a cebola e polvilhe o queijo. Finalize com uma pitada de páprica defumada em cada tostada e sirva com fatias de limão.

MESINHAS, MOTOCICLETAS E BUN CHA

Quando cheguei a Hanói fiquei impressionado com a loucura do lugar. O ar era quente e úmido, as pessoas realmente usavam chapéus em forma de cone, barracas de comida esfumaçadas lotavam as calçadas e um exército de motocicletas predatórias circulava nas ruas, como touros bravos em Pamplona.

Assim que tomei coragem para atravessar uma rua (só depois de ver uma velhinha destemida cruzar para o outro lado a passos largos), pude provar as muitas delícias culinárias da cidade. Carnes perfeitamente assadas, peixe grelhado, refogados temperados e sopas perfumadas – tudo o que se espera, com os sabores picante, salgado, azedo e de peixe em perfeito equilíbrio a cada mordida.

Comer em Hanói significa comer comida de rua, disponível em todos os cantos. Algumas barracas já se transformaram em restaurantes, mas no geral você faz a refeição em mesinhas na calçada. Em um dos almoços, visitei uma barraca de rua lotada e me espremi numa cadeira minúscula, literalmente no meio da rua, para provar a sopa do dia, chamada bun cha. Foi incrível! Uma maravilhosa sopa salgada enriquecida com pimenta-do-reino e servida com carne de porco grelhada supermacia. À mesa foram levados pequenos pratos de macarrão de arroz, ervas e pimentas para adicionar à tigela de sopa. Esse fast-food glorioso resume todos os triunfos da comida vietnamita.

Bình Béo
Bún Chả
Bún Nem
Rượu . Bia
Kính mời

Bun Cha Vietnamita

2 PORÇÕES PRONTO EM **20 MINUTOS**

PARA A SOPA
2 xícaras (chá) de caldo de galinha (500 ml)
6 grãos de pimenta-do-reino
2 anises-estrelados
2½ cm de canela em pau
2 colheres (chá) de açúcar
3 colheres (sopa) de molho de peixe
2 hastes de capim-limão
½ limão
140 g de vermicelli de arroz

PARA OS HAMBÚRGUERES DE PORCO
um punhado pequeno de folha de coentro
um punhado pequeno de folha de hortelã
120 g de carne de porco moída
1 colher (chá) de molho de peixe
1 colher (chá) de óleo de amendoim

PARA SERVIR
4 cebolinhas
½ pimenta vermelha
½ limão
1½ xícara (chá) de broto de feijão (140 g)
um punhado grande de folha de coentro
um punhado grande de folha de hortelã

DESPEJE O CALDO e 2 xícaras (chá) de água (500 ml) em uma panela e adicione a pimenta-do-reino, os anises-estrelados, a canela em pau, o açúcar e o molho de peixe. Amasse as extremidades mais grossas do capim-limão com uma colher, parta as hastes ao meio e junte ao caldo. Esprema o suco do limão, misture bem e deixe ferver em fogo médio.

ENQUANTO ISSO, COLOQUE O MACARRÃO em uma panela de água fervente e deixe de molho por 3 minutos ou conforme indicado na embalagem. Escorra em uma peneira e jogue água fria para resfriar. Deixe na peneira para escorrer toda a água.

PIQUE AS ERVAS para os hambúrgueres de porco e coloque-as em uma tigela grande. Adicione a carne de porco, o molho de peixe e misture bem. Aqueça o óleo em uma frigideira em fogo médio. Enquanto isso, divida a carne em quatro e achate para formar mini-hambúrgueres. Frite os hambúrgueres por 3 minutos de cada lado ou até que estejam dourados e cozidos.

ENQUANTO A CARNE DE PORCO cozinha, apare as cebolinhas, corte-as ao meio e depois faça tiras finas. Retire as sementes e fatie a pimenta bem fino. Corte o limão ao meio.

DIVIDA O MACARRÃO e os brotos de feijão em duas tigelas grandes e junte dois hambúrgueres de carne de porco a cada tigela. Despeje metade das cebolinhas e da pimenta em cada tigela, cubra com o limão e as ervas. Retire as especiarias do caldo e divida a sopa quente e perfumada nas duas tigelas. Sirva imediatamente.

Salada de Porco Little South Island

2 PORÇÕES PRONTA EM **20 MINUTOS**

Esse prato sintetiza os verdadeiros prazeres da comida chinesa. Nada de molho encaroçado vermelho-nuclear, nenhum pedaço de abacaxi em conserva à vista, apenas sabores simples, frescos e nítidos que se combinam de modo soberbo e são rápidos de preparar. A erva-doce crocante e a cenoura adocicada absorvem toda a gordura da carne de porco refogada e os deliciosos sabores do molho azedo. É assim que a comida chinesa deve ser!

PARA A SALADA DE PORCO

- 1 colher (sopa) de óleo de amendoim
- 350 g de carne de porco moída
- ½ colher (chá) de cinco especiarias chinesas em pó
- ½ colher (chá) de pimenta em flocos esmagada
- 1 colher (sopa) de molho de soja light
- 1 laranja
- 1 bulbo de erva-doce
- 1 cenoura
- 100 g de alface frisée

PARA O MOLHO DE GENGIBRE

- 1½ colher (sopa) de vinagre de maçã
- 2 colheres (chá) de molho de soja light
- 1 cm de gengibre fresco

AQUEÇA UM WOK em fogo alto até ficar bem quente. Despeje o óleo de modo a untar toda a panela e adicione a carne de porco. Refogue por 5-6 minutos, até que as bordas da carne de porco comecem a grudar e estejam douradas.

ADICIONE AS CINCO ESPECIARIAS CHINESAS EM PÓ, a pimenta em flocos e o molho de soja. Continue a refogar por 30 segundos, em seguida retire do fogo e reserve.

COM UMA FACA AFIADA, corte as extremidades da laranja e a apoie numa tábua de cozinha. Com cuidado retire a casca da laranja em tiras, de cima para baixo. Remova qualquer resíduo da membrana branca. Extraia os gomos suculentos da laranja e coloque em uma tigela. Esprema o suco da membrana.

FATIE A ERVA-DOCE e junte à tigela com a laranja. Descasque e rale a cenoura em um ralador grosso, dentro da mesma tigela. Adicione o vinagre e o molho de soja. Descasque e rale o gengibre em um ralador fino. Junte o gengibre ralado, as folhas de alface e a carne de porco cozida (mais todos os sucos da frigideira) na tigela com a salada. Misture tudo e sirva.

Cordeiro à Hunan do Sr. Wong 2 PORÇÕES PRONTO EM 20 MINUTOS

Esse prato exemplifica bem as marcantes especiarias da culinária de Hunan. Uma pasta apimentadíssima feita com pimentas secas, pimenta-chinesa, gengibre e cebolinha reveste as delicadas costeletas de cordeiro e as transforma num prato superpicante. A doçura do cordeiro recebe bem os sabores fortes, e o delicado refogado de couve-chinesa, soja e laranja absorve parte da picância.

PARA O CORDEIRO
2 pimentas vermelhas secas
1 colher (chá) de pimenta-chinesa
1 cm de gengibre fresco
5 cebolinhas
2 colheres (sopa) de óleo de amendoim
6 costeletas de cordeiro (cerca de 500 g no total)
sal marinho

PARA O REFOGADO DE COUVE-CHINESA E LARANJA
200 g de couve-chinesa
1 colher (sopa) de óleo de amendoim
1 colher (sopa) de molho de soja
½ laranja

PREAQUEÇA A GRELHA em fogo alto. Enquanto isso, coloque a pimenta vermelha, a pimenta-chinesa e uma pitada de sal em um miniprocessador de alimentos, e bata até formar um pó grosso. Descasque o gengibre, apare as cebolinhas e junte ao processador de alimentos. Adicione o óleo e bata até formar uma pasta grosseira.

COM UM FACA, MARQUE os dois lados das costeletas de cordeiro em um padrão cruzado e coloque-as em uma tigela. Junte a pasta de temperos e misture bem, até cobrir completamente o cordeiro com os temperos. Leve o cordeiro à grelha e cozinhe por 5-6 minutos de cada lado, até a carne ficar dourada por fora e rosada e suculenta no centro.

ENQUANTO O CORDEIRO GRELHA, corte a couve-chinesa em quatro. Aqueça um wok em fogo alto até ficar bem quente e despeje o óleo. Junte a couve-chinesa e refogue por 2 minutos. Em seguida, adicione o molho de soja e o suco da laranja. Continue a refogar por 30 segundos, reduza o fogo e cozinhe por 3-4 minutos, até ficar macio. Sirva o refogado com o cordeiro.

Berinjela Grelhada com Cordeiro, Hortelã e Queijo Feta

2 PORÇÕES PRONTA EM **15 MINUTOS**

Essa é a minha versão expressa de um prato clássico do Mediterrâneo oriental, a berinjela recheada. Preparo a berinjela na chapa, que é o jeito mais rápido de cozinhá-la, e cubro com o cordeiro refogado. O acréscimo final de hortelã e queijo feta completa o prato com o toque de frescor e sal necessários.

1 berinjela grande
3 colheres (sopa) de azeite
2 folhas de louro
300 g de cordeiro moído
$1\frac{1}{4}$ colher (chá) de pimenta-da--jamaica
$\frac{1}{2}$ colher (chá) de canela em pó
2 dentes de alho
$1\frac{1}{4}$ xícara (chá) de passata de tomate (300 g)
60 g de queijo feta
um punhado de folha de hortelã
sal marinho e pimenta-do-reino moída na hora

PARA SERVIR
salada verde

AQUEÇA UMA CHAPA em fogo alto até ficar bem quente. Enquanto isso, corte as berinjelas longitudinalmente em fatias de 1 cm e coloque-as em uma tigela. Adicione 2 colheres (sopa) de azeite e uma boa pitada de sal e pimenta-do-reino. Misture bem até as berinjelas ficarem completamente untadas com o azeite. Leve à chapa por $2\frac{1}{2}$-3 minutos de cada lado, até a berinjela ficar macia e tostada. Divida entre dois pratos e reserve.

ENQUANTO A BERINJELA GRELHA, aqueça o azeite restante em uma frigideira em fogo médio. Adicione as folhas de louro e deixe por 5 segundos até os aromas se desprenderem. Junte o cordeiro, a pimenta-da-jamaica, a canela e uma boa pitada de sal e pimenta-do-reino. Descasque e esmague o alho, aumente o fogo para alto e refogue por 3-4 minutos, até o cordeiro dourar.

ACRESCENTE A PASSATA e misture bem. Reduza o fogo para médio e cozinhe por 3-4 minutos, mexendo de vez em quando, até que o cordeiro esteja cozido e o molho tenha engrossado. Para servir, coloque o cordeiro refogado sobre as fatias de berinjela grelhadas e cubra com migalhas de queijo feta. Finalize com as folhas de hortelã e sirva com salada verde.

Refogado Taiwanês de Carne e Macarrão

2 PORÇÕES PRONTO EM **15 MINUTOS**

140 g de macarrão oriental médio à base de ovos
2½ colheres (sopa) de óleo de amendoim
225 g de contrafilé
1 pimenta vermelha
4 cebolinhas
4 dentes de alho
5 mm de gengibre fresco
70 g de ervilha-torta
½ colher (chá) de pimenta-do-reino moída na hora
½ colher (chá) de açúcar
2 colheres (sopa) de molho de soja

COZINHE O MACARRÃO em água fervente por 4-5 minutos, até ficar macio ou conforme indicado na embalagem. Escorra em uma peneira e regue com 1 colher (sopa) de óleo para evitar que o macarrão grude. Com uma tesoura, corte o macarrão em pedaços menores e reserve. Isso irá ajudar a misturá-lo mais rápido no wok.

ENQUANTO ISSO, PREPARE TODOS OS INGREDIENTES para o refogado. Corte a carne em tiras finas. Retire o topo da pimenta e corte-a em fatias finas. Apare as cebolinhas e pique-as em pedaços de 2½ cm. Descasque e corte os dentes de alho ao meio. Descasque e corte o gengibre em tiras finas.

AQUEÇA UM WOK em fogo alto até ficar bem quente. Despeje o óleo restante e adicione a pimenta, as cebolinhas, o alho e o gengibre. Refogue por 30 segundos até os aromas se desprenderem. Acrescente a carne e continue a refogar por 2 minutos. Adicione a ervilha-torta, a pimenta-do-reino e o açúcar.

CONTINUE A REFOGAR por 1-2 minutos, até tudo dourar e a carne estar cozida. Junte o macarrão cozido ao wok quente e despeje o molho de soja. Misture bem e sirva.

Refogado de Carne, Pimenta e Hortelã

2 PORÇÕES PRONTO EM **15 MINUTOS**

Eu jamais pulo uma refeição, por isso pedi um almoço para viagem quando deixei meu hotel no Laos em direção ao aeroporto na volta para Blighty. Eu literalmente comecei a comer enquanto caminhava até o táxi. Fico feliz em ser guloso. O almoço estava excelente: um refogado simples de carne com pimenta, alho e alguns amendoins, que atingiu novos patamares com a inclusão de folhas de hortelã. A hortelã é um excelente acréscimo para um refogado clássico do Sudeste Asiático, pelo qual provavelmente vale a pena perder um voo.

140 g de macarrão oriental fino à base de ovos
2½ colheres (sopa) de óleo de amendoim
2 dentes de alho
2½ cm de gengibre fresco
1 pimenta vermelha
2 bifes de contrafilé (cerca de 120 g cada um)
⅓ de xícara (chá) de amendoim (55 g)
1 colher (chá) de vinagre de arroz
1 colher (sopa) de molho de soja light
3 colheres (sopa) de molho de ostra
1⅔ de xícara (chá) de broto de feijão (150 g)
um punhado pequeno de folha de hortelã

COZINHE O MACARRÃO em água fervente por 4-5 minutos, até ficar macio ou conforme indicado na embalagem. Escorra em uma peneira, regue com meia colher (sopa) de óleo para evitar que o macarrão grude e reserve. Enquanto isso, descasque e fatie o alho e o gengibre. Retire o topo e fatie a pimenta. Retire a gordura da carne e corte-a em tiras de cerca de 2 mm de espessura.

AQUEÇA UM WOK em fogo alto e adicione 1 colher (sopa) de óleo. Junte o amendoim e refogue por 1 minuto ou até dourar. Retire com uma escumadeira e transfira para o papel-toalha para escorrer. Retire o óleo do wok e volte a panela para o fogo alto. Depois de esquentar bem, adicione o restante do óleo e a carne. Deixe selar por 40 segundos, em seguida refogue por 30 segundos para tomar um pouco de cor. Junte o alho, o gengibre e a pimenta, e continue a refogar por 2-3 minutos, até dourar.

ADICIONE O VINAGRE DE ARROZ, o molho de soja e o molho de ostra, e misture bem. Acrescente os brotos de feijão e continue a refogar por 1-2 minutos, até que os brotos de feijão estejam macios, mas ainda firmes. Apague o fogo, junte o amendoim e a hortelã. Misture uma última vez, adicione o macarrão, mexa e sirva.

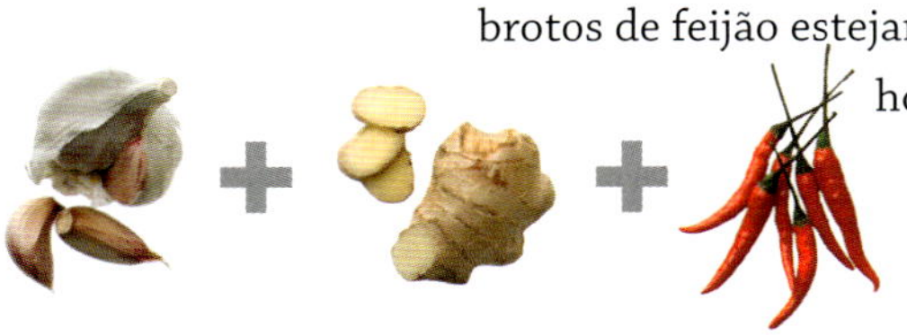

Hambúrguer do Bósforo **2** PORÇÕES PRONTO EM **15 MINUTOS**

um punhado pequeno de folha de salsinha
1 colher (chá) de páprica
2 colheres (chá) de cominho em pó
½ colher (chá) de gengibre em pó
½ colher (chá) de pimenta vermelha em pó
300 g de carne moída
1 colher (sopa) de azeite
55 g de queijo gorgonzola
4 colheres (sopa) de maionese
¼ de limão
2 pães de hambúrguer
um punhado de folha de alface
sal marinho

PIQUE A SALSINHA e coloque em uma tigela grande. Adicione a páprica, o cominho, o gengibre em pó, a pimenta vermelha em pó, a carne moída e uma boa pitada de sal. Misture bem – para mim, amassar bem com as mãos é a melhor maneira.

DIVIDA A MISTURA DE CARNE em duas porções e achate para formar dois hambúrgueres. Afunde o polegar no topo de cada hambúrguer para criar um vão que ajudará os hambúrgueres a cozinhar uniformemente.

AQUEÇA O AZEITE em uma frigideira em fogo alto e coloque os hambúrgueres com o vão para cima. Frite por 4 minutos, vire os hambúrgueres, reduza o fogo para médio-baixo e frite por mais 3 minutos. Cubra cada hambúrguer com metade do gorgonzola e frite por 1 minuto ou até que os hambúrgueres estejam maravilhosamente suculentos e o queijo derretido.

ENQUANTO OS HAMBÚRGUERES FRITAM, coloque a maionese em uma tigela e junte o suco do limão. Adicione uma pitada de sal e misture bem. Corte os pães de hambúrguer ao meio e espalhe a maionese uniformemente sobre as bases. Espalhe as folhas de alface sobre a maionese. Coloque os hambúrgueres sobre a alface, cubra com a outra metade do pão e coma imediatamente.

Salmão Bibimbap 2 PORÇÕES PRONTO EM 20 MINUTOS

Bibimbap é um prato clássico coreano à base de arroz. O arroz cozido é colocado em uma tigela de pedra superquente para formar uma base crocante. São adicionadas diferentes coberturas – salmão, ovos, legumes ou carne de porco –, e o prato é servido com kimchi e um molho à base de soja. Para obter essa base crocante, quando fizer a minha versão com salmão, certifique-se de que a panela esteja realmente muito quente antes de transferir o arroz cozido.

PARA O ARROZ
- ⅔ de xícara (chá) de arroz de jasmim (120 g)
- 1 cm de gengibre fresco
- 3 cebolinhas
- 1 colher (sopa) de molho de soja light
- 1 colher (sopa) de vinagre de maçã

PARA O SALMÃO E OS OVOS
- 2 colheres (sopa) de azeite
- 2 filés de salmão sem pele e sem espinhas
- 2 ovos
- 1 colher (chá) de semente de gergelim

PARA O MOLHO DE PIMENTA
- 1 dente de alho
- 4 colheres (sopa) de molho de pimenta
- 1 colher (sopa) de molho de soja
- 1 colher (sopa) de vinagre de maçã
- 1 colher (chá) de óleo de gergelim

COZINHE O ARROZ em água fervente por 10-12 minutos, até ficar macio ou conforme indicado na embalagem. Escorra, volte para a panela, cubra e reserve. Enquanto isso, aqueça 1 colher (sopa) de óleo em uma frigideira em fogo médio e coloque o salmão. Cozinhe por 2 minutos. Em seguida, vire, reduza o fogo e cozinhe por 1½-2 minutos até o salmão ficar cozido por fora e rosa no centro. Reserve.

ENQUANTO O SALMÃO COZINHA, descasque o alho para o molho. Coloque todos os ingredientes do molho em um miniprocessador de alimentos e bata até ficar homogêneo. Reserve.

DESCASQUE O GENGIBRE para o arroz, apare as cebolinhas e pique tudo. Junte à panela com o arroz cozido. Adicione o molho de soja, o vinagre e misture bem com um garfo. Tampe e reserve.

AQUEÇA O ÓLEO RESTANTE em uma frigideira grande em fogo alto. Transfira o arroz para a frigideira, espalhando-o uniformemente. Em seguida, com uma colher, abra dois buracos e quebre um ovo sobre cada um. Tampe e cozinhe por 2-3 minutos, até que as claras estejam firmes, as gemas, moles, e o arroz comece a dourar na base. Divida o arroz e os ovos em dois pratos. Cubra com pedaços de salmão e sementes de gergelim. Regue com o molho e sirva.

Amok Cambojano de Frutos do Mar

2 PORÇÕES PRONTO EM **15 MINUTOS**

PARA O MACARRÃO DE ARROZ
100 g de macarrão de arroz médio
1 colher (sopa) de óleo de amendoim

PARA A PASTA DE CURRY AMOK
1 cm de gengibre fresco
2 hastes de capim-limão
3 dentes de alho
½ colher (chá) de cúrcuma
2 pimentas vermelhas secas
½ colher (chá) de pimenta-do-reino moída na hora
½ colher (chá) de açúcar
¼ de xícara (chá) de amendoim (30 g)
2 colheres (sopa) de óleo de amendoim

PARA O CURRY DE FRUTOS DO MAR
1 xícara (chá) de leite de coco (250 ml)
1 colher (sopa) de molho de peixe
½ limão
2 filés de merluza (cerca de 150 g cada)
115 g de frutos do mar crus, como mexilhão, camarão rosa e anéis de lula
um punhado de folha de coentro

COZINHE O MACARRÃO DE ARROZ em água fervente por 4-5 minutos, até ficar macio ou conforme indicado na embalagem. Escorra em uma peneira e regue com o óleo para evitar que o macarrão grude. Cubra e reserve.

ENQUANTO ISSO, PARA FAZER A PASTA DE CURRY, descasque o gengibre, retire as folhas duras exteriores do capim-limão e retire a ponta das hastes. Descasque o alho. Coloque todos os ingredientes da pasta de curry em um miniprocessador de alimentos e bata até formar uma pasta lisa, adicionando um pouco de água, se necessário.

AQUEÇA UM WOK GRANDE em fogo médio e adicione a pasta de curry. Refogue por 30 segundos ou até que os aromas se desprendam. Junte o leite de coco, o molho de peixe e o suco do limão para o curry de frutos do mar e misture bem. Deixe o molho amok ferver enquanto prepara o peixe.

CORTE A MERLUZA em pedaços pequenos. Junte ao molho amok quente e acrescente os frutos do mar. Misture delicadamente, reduza o fogo e deixe ferver durante 5-6 minutos, mexendo de vez em quando, até que o peixe comece a partir e os frutos do mar estejam cozidos.

ENQUANTO O AMOK COZINHA, rasgue as folhas de coentro. Sirva o curry com o macarrão de arroz, polvilhado o coentro.

Salada de Macarrão Transparente, Lagostim e Grapefruit

2 PORÇÕES PRONTA EM **15 MINUTOS**

PARA A SALADA DE MACARRÃO TRANSPARENTE
140 g de vermicelli de arroz
1 grapefruit
2 cebolinhas
30 g de brotos de ervilha
150 g de lagostim cozido sem casca
um punhado de folha de manjericão
um punhado de folha de hortelã
2 colheres (sopa) de semente de abóbora

PARA O MOLHO DE CAPIM-LIMÃO
2 hastes de capim-limão
2 limões
¼ de colher (chá) de pimenta em pó
2 colheres (chá) de açúcar
1 colher (sopa) de azeite

COLOQUE O MACARRÃO em uma tigela refratária e cubra com água fervente. Tampe e reserve por 2-3 minutos até amolecer. Escorra em uma peneira e lave com água fria. Escorra novamente e esprema o excesso de água com as mãos, até o macarrão ficar bem seco. Reserve.

FAÇA O MOLHO enquanto o macarrão hidrata. Retire as folhas duras exteriores do capim-limão e corte a ponta das hastes. Partindo da ponta mais grossa, corte as hastes em anéis. Você deverá ver uma faixa roxa nos anéis. Pare de cortar quando não houver mais essa faixa e descarte o resto, que é duro demais para comer.

BATA RAPIDAMENTE OS ANÉIS DE CAPIM-LIMÃO em um miniprocessador de alimentos até ficarem bem picados. Transfira para uma tigela grande. Adicione o suco do limão, a pimenta vermelha em pó, o açúcar e o azeite. Misture bem para unir os sabores.

COM UMA FACA AFIADA, corte as extremidades do grapefruit e a apoie numa tábua de cozinha. Descasque com cuidado o grapefruit em tiras, cortando de cima para baixo. Remova qualquer resíduo da membrana branca. Extraia seus gomos suculentos e coloque em uma tigela. Esprema o suco da membrana. Apare e fatie as cebolinhas e leve à tigela. Acrescente os brotos de ervilha, o lagostim, o manjericão, a hortelã e o macarrão cozido. Misture bem. Sirva com as sementes de abóbora por cima.

Salada Morna de Tomate e Berinjela do Mediterrâneo Oriental **2** PORÇÕES PRONTA EM **15 MINUTOS**

- 5 colheres (sopa) de azeite
- 2 colheres (chá) de hortelã seca
- 2 berinjelas
- ½ cebola roxa
- 1½ limão
- ½ pimenta vermelha
- ⅔ de xícara (chá) de tomate-cereja (100 g)
- ⅔ de xícara (chá) de azeitona preta sem caroço (75 g)
- dois punhados grandes de folha de salsinha
- ½ colher (chá) de sumagre
- 1 colher (chá) de cominho em pó
- 2 colheres (sopa) de pinhole (opcional)
- sal marinho e pimenta-do-reino moída na hora

PREAQUEÇA A GRELHA em fogo alto. Enquanto isso, coloque 3 colheres (sopa) de azeite, 1 colher e meia (chá) de hortelã e uma boa pitada de sal em uma tigela e misture bem. Corte as berinjelas em rodelas de 5 mm e pincele o azeite temperado nos dois lados das rodelas. Leve as berinjelas à grelha por 5-6 minutos até dourar de um lado.

ENQUANTO AS BERINJELAS GRELHAM, descasque e fatie a cebola. Transfira para uma tigela grande. Adicione o suco dos limões, uma pitada de sal e misture bem. Pique a pimenta e corte os tomates-cereja ao meio. Junte à tigela com a cebola.

QUANDO A BERINJELA ESTIVER GRELHADA de um lado, vire e grelhe por mais 5-6 minutos, até dourar do outro lado e ficar macia no centro.

PIQUE AS AZEITONAS e rasgue as folhas de salsinha. Junte à tigela com a salada. Adicione o azeite e a hortelã restantes, mais o sumagre, o cominho e uma boa pitada de pimenta-do-reino. Misture. Coloque as berinjelas grelhadas na tigela com a salada e misture bem. Sirva a salada polvilhada de pinhole, se estiver usando.

Lentilha Marroquina com Páprica e Alho da Heather

2 PORÇÕES PRONTA EM **20 MINUTOS**

Eu me hospedei na bela casa de Heather nos arredores de Marrakech por alguns dias cheios de sol e de culinária. Ela me ensinou a fazer muitos pratos incríveis, entre eles a clássica salada marroquina de lentilhas frias. É deliciosa, e eu adoro mesmo quente, saindo da panela. Ela usou uma expressão bonita para descrever quando o prato está pronto: "quando as lentilhas beberem toda a água, está pronto". Embora minha versão seja um pouco diferente, é fácil saber quanto está pronta: quando as lentilhas beberem toda a água e o molho tiver engrossado, é hora de adicionar o limão, as ervas e comer.

1 cebola
4 dentes de alho
2 colheres (sopa) de azeite
2 folhas de louro
3 xícaras (chá) de lentilha verde enlatada (800 g)
3 colheres (sopa) de purê de tomate
1¼ colher (chá) de páprica
2 colheres (chá) de cominho em pó
1½ colher (chá) de pimenta-do-reino moída na hora
1 colher (chá) de açúcar
um punhado de folha de salsinha
½ limão
sal marinho

PARA SERVIR
azeite extravirgem

DESCASQUE E PIQUE a cebola e o alho. Coloque em uma panela grande, junto com o azeite e as folhas de louro. Aqueça em fogo médio e cozinhe por 5-6 minutos, mexendo de vez em quando, até ficar macio.

ENQUANTO ISSO, ESCORRA E LAVE as lentilhas e reserve. Quando a cebola ficar mole, adicione o purê de tomate, a páprica, o cominho, a pimenta-do-reino, o açúcar, as lentilhas e uma boa pitada de sal. Despeje 1 xícara (chá) e um terço de água quente (320 ml) e misture bem. Deixe ferver por 5-6 minutos, mexendo sempre, até as lentilhas aquecerem e o molho engrossar.

ENQUANTO AS LENTILHAS COZINHAM, pique a salsinha. Junte à panela com as lentilhas cozidas e acrescente o suco do limão. Misture bem e sirva com um fio do seu melhor azeite.

Sopa de Couve-Flor Indiana **2** PORÇÕES PRONTA EM **15 MINUTOS**

Essa sopa é incrível. É substanciosa e supersaborosa. As especiarias em pó proporcionam um fundo quente, mas é o tempero frito que realmente faz a diferença, nesse caso, significa simplesmente fritar algumas especiarias em óleo quente e adicioná-las ao prato no final do cozimento. Isso dá uma camada extra de sabor e realmente realça a comida.

PARA A SOPA
- 1 couve-flor pequena
- ¾ de xícara (chá) de caldo de legumes (185 ml)
- 1½ xícara (chá) de leite de coco (400 ml)
- 2 colheres (chá) de garam masala
- ½ colher (chá) de cúrcuma
- ¼ de colher (chá) de pimenta vermelha em pó
- 2 xícaras (chá) de feijão branco em conserva (400 g)
- ½ limão
- sal marinho

PARA O TEMPERO FRITO
- 1 cebola
- 2 dentes de alho
- 2 colheres (sopa) de óleo de amendoim
- duas grandes pitadas de folha de curry seca

COM AS MÃOS, separe pedaços pequenos de couve-flor e leve-os a uma panela. Cubra com água fervente e cozinhe em fogo alto por 6-8 minutos, até ficar macia.

ENQUANTO ISSO, DESPEJE O CALDO e o leite de coco em uma panela e adicione o garam masala, a cúrcuma, a pimenta vermelha em pó e uma boa pitada de sal. Misture bem e deixe ferver em fogo alto. Reduza o fogo e mantenha a fervura. Enquanto a sopa cozinha, descasque e pique a cebola e o alho para o tempero. Escorra o feijão branco em uma peneira e lave com água fria.

QUANDO A COUVE-FLOR ESTIVER COZIDA, escorra na mesma peneira onde está o feijão. Leve ambos para a panela da sopa. Retire a panela do fogo e, com um mixer ou liquidificador, bata a sopa até obter um caldo homogêneo. Retorne a sopa para o fogo baixo e mantenha a fervura, mexendo de vez em quando, enquanto faz o tempero.

PARA FAZER O TEMPERO, aqueça o óleo em uma frigideira em fogo alto e adicione a cebola e o alho. Frite por 2-3 minutos, até dourar. Retire do fogo. Esfregue as folhas de curry entre as mãos para quebrá-las e junte à frigideira. Junte o tempero e o suco do limão à sopa. Misture bem e sirva.

FÁCIL E GOSTOSO

Neste capítulo, todas as receitas propõem um jeito relaxado e tranquilo de cozinhar para amigos e familiares. Estou falando de comida boa que é gostosa e fácil de fazer. Você pode preparar qualquer uma dessas receitas tomando uma taça de vinho e não perder a diversão, pois todas ficam prontas em 45 minutos ou menos. Meu Frango ao sumagre com gremolata preta e salada de tomate é fácil e demora 45 minutos. O Curry de vegetais gujarati do Amish, incrementado com castanha-de-caju e servido com arroz e grão-de-bico, é absolutamente sublime e leva apenas 35 minutos para fazer. O Pargo mexicano com abobrinha assada ao limão-siciliano e tempero picante de limão tem todos os sabores para surpreender, mas são necessários apenas 40 minutos para prepará-lo do início ao fim.

Frango Assado Coreano com Macarrão de Arroz

4 PORÇÕES PRONTO EM **35 MINUTOS**

Todos os pratos coreanos devem ter um equilíbrio entre cinco cores: preto, branco, amarelo, verde e vermelho. Nesse, o preto vem do molho de soja, o branco, do frango, o amarelo, do macarrão, o verde vem do coentro e o vermelho, da pimenta.

550 g de coxa de frango desossada sem pele
¼ de xícara (chá) de molho de soja (70 ml)
1 colher (sopa) de molho de ostra
3 colheres (sopa) de vinho de arroz ou de vinho branco seco
½ colher (sopa) de óleo de gergelim
2 colheres (sopa) de açúcar mascavo
½ colher (chá) de gengibre em pó
½ colher (chá) de pimenta-do-reino moída na hora
2 pimentas vermelhas secas
4 dentes de alho
1 cebola
1 cenoura
1 abobrinha
200 g de vermicelli de arroz
⅓ de xícara (chá) de caldo de galinha (100 ml)
2 cebolinhas
½ pimenta vermelha
um punhado de folha de coentro

COLOQUE O FRANGO em uma caçarola refratária grande e rasa e regue com o molho de soja, o molho de ostra, o vinho de arroz, o óleo de gergelim, o açúcar mascavo, o gengibre em pó e a pimenta-do-reino. Abra as pimentas secas e jogue-as na panela, junto com o alho sem casca e esmagado. Misture bem e aqueça em fogo médio.

DESCASQUE E CORTE GROSSEIRAMENTE a cebola e descasque a cenoura. Pique a cenoura e a abobrinha em palitos. Coloque os legumes na panela com o frango e misture bem. A mistura vai parecer um pouco seca nessa fase, mas não se preocupe, sucos encantadores irão se desprender do frango e dos legumes. Deixe ferver, tampe e reduza o fogo. Mantenha a fervura durante 15 minutos ou até que o frango esteja totalmente cozido.

ENQUANTO ISSO, COLOQUE O MACARRÃO em uma tigela grande, cubra com água fervente e deixar amolecer por cerca de 10 minutos. Coloque o caldo de galinha em uma panela pequena e aqueça em fogo médio-baixo. Quando o frango estiver cozido, escorra o macarrão em uma peneira e junte à caçarola em quatro montinhos. Acrescente o caldo, tampe e cozinhe por mais 10 minutos para que o macarrão absorva o molho. Apare e corte as cebolinhas e a pimenta vermelha, depois rasgue o coentro, polvilhe e sirva.

Frango Desossado Assado com Chimichurri e Salada de Arroz e Feijão-Preto

4 PORÇÕES PRONTO EM **45 MINUTOS**

PARA O FRANGO
1 frango de 1⅓ kg
1 colher (sopa) de azeite
sal marinho e pimenta-do-reino moída na hora

PARA A SALADA DE ARROZ E FEIJÃO-PRETO
1 xícara (chá) de arroz integral (200 g)
1 xícara (chá) bem cheia de feijão-preto em conserva (235 g)
½ cebola roxa
um punhado de folha de hortelã
um punhado de folha de salsinha
2 colheres (sopa) de vinagre de xerez
⅔ de xícara (chá) de castanha-de-caju (100 g)

PARA O CHIMICHURRI
1 pimenta vermelha
½ cebola roxa
2 dentes de alho
um punhado de folha de salsinha
1 tomate
2 colheres (chá) de orégano seco
2 colheres (chá) de cominho em pó
1 colher (chá) de páprica defumada
4 colheres (sopa) de azeite
4 colheres (sopa) de vinagre de xerez

PARA A SALADA DE FOLHAS
120 g de folha de salada mista
½ limão
1 colher (sopa) de azeite

PREAQUEÇA O FORNO a 220°C. Coloque o frango em uma tábua de cozinha com o peito para baixo. Com uma tesoura para culinária, faça dois cortes na espinha dorsal, do pescoço até a cavidade traseira, e remova-a. Separe os dois lados de modo que o frango comece a se abrir. Vire o peito para cima, e pressione com força de cada lado para que fique achatado. Isso irá fazer com que o frango asse rápido e uniformemente.

COLOQUE O FRANGO DESOSSADO em uma grelha sobre um refratário ou assadeira, unte-o com o azeite e tempere com sal e pimenta-do-reino. Asse por 35 minutos ou até que o frango esteja cozido e os sucos saiam claros ao espetar com um uma faca afiada a parte mais grossa da coxa.

ENQUANTO ISSO, COZINHE O ARROZ para a salada de arroz e feijão-preto em água fervente por 20-25 minutos até ficar macio ou conforme indicado na embalagem.

PARA FAZER O CHIMICHURRI, retire o topo da pimenta e role-a entre os dedos para retirar as sementes. Descasque a cebola e o alho. Coloque todos os ingredientes em um processador de alimentos ou no liquidificador com um terço de xícara (chá) de água (100 ml) e um pouco de sal. Bata até obter uma pasta grossa. Despeje em uma tigela, cubra com filme de PVC e reserve para que os sabores se misturem.

ESCORRA E LAVE OS FEIJÕES para a salada e coloque em uma tigela grande que vai à mesa. Descasque a cebola roxa e leve a um liquidificador ou miniprocessador de alimentos junto com a hortelã e a salsinha. Bata até picar, em seguida, junte à tigela com o feijão. Acrescente em um terço do chimichurri o vinagre de xerez e o sal.

AQUEÇA UMA FRIGIDEIRA PEQUENA em fogo médio e adicione as castanhas--de-caju. Toste por 5-6 minutos até ficarem levemente douradas, sacudindo a frigideira com frequência para impedir que queimem. Retire do fogo e reserve para esfriar.

COLOQUE AS FOLHAS DE SALADA em um saco plástico para alimentos. Junte o suco do limão e o azeite. Feche o saco com as mãos, agite bem e coloque numa tigela que vai à mesa.

PONHA O FRANGO ASSADO em uma travessa. Escorra o arroz em uma peneira e imediatamente refresque-o em água fria. Escorra bem e bata a peneira para remover o máximo de água possível. Coloque o arroz na tigela com o feijão. Adicione as castanhas--de-caju e misture tudo até que o arroz esteja completamente embebido no molho. Sirva o adorável frango assado com a salada de arroz e feijão, a salada de folhas e o chimichurri.

Frango ao Sumagre com Gremolata Preta e Salada de Tomate

4 PORÇÕES PRONTO EM **45 MINUTOS**

PARA O FRANGO SUMAGRE
- 3 colheres (sopa) de azeite
- 1½ kg de coxa e sobrecoxa de frango com osso
- 500 g de batatas novas pequenas
- 1 cebola roxa
- 1 cabeça de alho
- 1 colher (sopa) de sumagre
- 2 colheres (chá) de tomilho seco
- sal marinho e pimenta-do-reino moída na hora

PARA A GREMOLATA PRETA
- ⅔ de xícara (chá) de azeitona preta sem caroço (85 g)
- 1 pimenta vermelha seca
- ¼ de colher (chá) de sumagre
- um punhado de folha de salsinha
- um punhado grande de endro
- 3 colheres (sopa) de azeite
- 2 colheres (chá) do melhor vinagre balsâmico doce e pegajoso
- ½ limão
- ½ xícara (chá) de nozes picadas (55 g)

PARA A SALADA DE TOMATE
- 300 g de tomate variado, como cereja, caqui, italiano
- 2 colheres (sopa) do melhor vinagre balsâmico doce e pegajoso
- 2 colheres (sopa) de azeite
- uma pitada de açúcar

PREAQUEÇA O FORNO a 200°C. Unte uma assadeira com um pouco de azeite e coloque os pedaços de frango e as batatas. Descasque a cebola, corte em quatro e junte ao frango. Esmague a cabeça de alho, retire um dente para a gremolata preta, e espalhe o restante sobre o frango.

TEMPERE O FRANGO com o sumagre, o tomilho e uma boa pitada de sal e pimenta-do-reino. Adicione o azeite restante e misture bem. Asse por 35-40 minutos, até que o frango esteja cozido e macio, e todos os ingredientes, dourados.

ENQUANTO ISSO, PARA FAZER A GREMOLATA, descasque o dente de alho. Em um miniprocessador de alimentos ou liquidificador, coloque o alho, as azeitonas, a pimenta-do-reino, o sumagre, a salsinha, o endro, o azeite, o vinagre balsâmico, o suco do limão e uma pitada de sal e pimenta-do-reino. Bata até formar uma pasta grossa. Despeje a pasta em uma tigela e acrescente as nozes picadas. Cubra e reserve para permitir que os fantásticos sabores se intensifiquem.

PARA FAZER A SALADA, corte os tomates em diferentes formas e tamanhos, e coloque-os em uma tigela que vai à mesa. Acrescente vinagre, azeite, açúcar, sal e pimenta-do-reino. Misture bem. Cubra e reserve para permitir que os tomates absorvam os temperos. Sirva o frango com as batatas, a gremolata e a salada.

Barriga de Porco com Cinco Especiarias Chinesas

4 PORÇÕES PRONTA EM **40 MINUTOS**

Em Hong Kong, a mostarda é um acompanhamento clássico da barriga de porco crocante: além de combinar, ela corta a gordura da carne. No açougue ou no supermercado, peça para sulcarem a pele da barriga de porco.

PARA O PORCO COM CINCO ESPECIARIAS CHINESAS

1 1/5 kg de barriga de porco, com a pele sulcada
4 colheres (chá) de cinco especiarias chinesas em pó
1 colher (chá) de pimenta-chinesa
sal marinho

PARA O MOLHO

3 colheres (sopa) de molho de soja
1 colher (sopa) de vinagre de vinho de arroz
2 colheres (sopa) de mel claro
¼ de colher (chá) de pimenta vermelha em pó
1 dente de alho

PARA O ARROZ E A COUVE-CHINESA

1¼ xícara (chá) de arroz jasmim (250 g)
200 g de couve-chinesa

PARA SERVIR

⅓ de xícara (chá) de mostarda francesa (85 g)

PREAQUEÇA O FORNO A 250°C. Corte a barriga de porco ao meio para ajudar a cozinhar mais rápido, e coloque as duas peças, com a pele para cima, em uma assadeira. Esfregue na pele as cinco especiarias chinesas em pó, a pimenta-chinesa e uma boa pitada de sal. Leve ao forno, reduza o fogo para 220°C e asse por 30-35 minutos, até que a carne de porco esteja cozida e a pele, incrivelmente crocante.

ENQUANTO ISSO, PREPARE O MOLHO. Despeje o molho de soja em uma tigela e adicione 2 colheres (sopa) de água, vinagre de vinho de arroz e mel. Adicione a pimenta vermelha em pó e o alho descascado e esmagado. Misture, tampe e reserve para permitir que os sabores se desenvolvam.

COZINHE O ARROZ em água fervente por 10-12 minutos, até ficar macio ou conforme indicado na embalagem. Escorra em uma peneira. Despeje água fervente na panela até uma profundidade de 2,5 cm e aqueça em fogo baixo. Coloque a peneira com o arroz sobre a panela e deixe cozinhar no vapor até que o arroz esteja no ponto.

QUANDO O PORCO TIVER ASSADO por 25 minutos, corte a couve-chinesa em quatro e cozinhe no vapor em fogo alto por 5 minutos ou até ficar macio. Divida o arroz em quatro tigelas e coloque a mostarda em uma tigela que vai à mesa. Corte a carne de porco e sirva com o arroz, a couve-chinesa, o molho e a mostarda.

Porco Tailandês com Macarrão, Capim-limão e Limão

4 PORÇÕES PRONTO EM **40 MINUTOS**

PARA O PORCO ASSADO
- 600 g de lombo de porco
- 4 dentes de alho
- 1 colher (chá) de pimenta-do-reino moída na hora
- ½ colher (chá) de açúcar
- 1 colher (sopa) de vinho de arroz
- 2 colheres (chá) de molho de peixe
- 1 colher (sopa) de óleo de amendoim

PARA O MOLHO DE CAPIM--LIMÃO E LIMÃO
- 2 hastes de capim-limão
- 1 cm de gengibre fresco
- um punhado de folha e caule de coentro
- ½ colher (chá) de pimenta vermelha em pó
- 2 colheres (chá) de açúcar
- 1 colher (sopa) de molho de peixe
- 1½ limão

PARA O MACARRÃO
- 150 g de vagem
- 200 g de macarrão oriental médio à base de ovos
- 2 colheres (sopa) de óleo de amendoim
- 1 colher (sopa) de molho de peixe
- ½ limão

PREAQUEÇA O FORNO a 200°C. Limpe a carne de porco, corte em pedaços de 10 cm e perfure cada um com um garfo. Coloque a carne em um refratário e adicione o alho descascado e esmagado. Acrescente a pimenta-do-reino, o açúcar, o vinho de arroz, o molho de peixe e o óleo. Misture bem e asse por 30-35 minutos, até que a carne de porco esteja totalmente cozida e macia.

ENQUANTO ISSO, PARA FAZER O MOLHO, retire as folhas exteriores duras do capim-limão e corte a ponta das hastes. Descasque o gengibre. Coloque o capim-limão e o gengibre em um miniprocessador de alimentos junto com as folhas e os caules de coentro, a pimenta vermelha em pó, o açúcar, o molho de peixe, o suco do limão e 4 colheres (sopa) de água. Bata até obter um molho homogêneo e coloque em uma tigela que vai à mesa. Tampe e reserve para que todos os sabores surpreendentes se integrem.

CORTE AS VAGENS ao meio. Cozinhe junto com o macarrão em água fervente por 4-5 minutos, até que o macarrão esteja macio ou conforme indicado na embalagem. Escorra e volte para a panela. Adicione o óleo, o molho de peixe e o suco do limão. Misture bem, tampe e reserve até que a carne de porco esteja pronta, depois fatie-a e sirva com o macarrão e o molho.

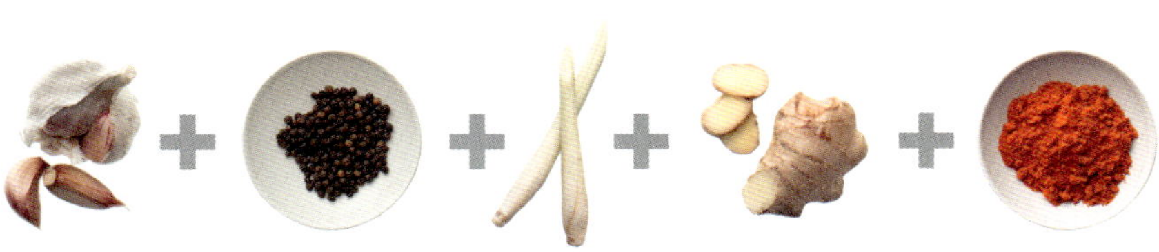

Torta de Carne Keema de Rana

4 PORÇÕES PRONTA EM **45 MINUTOS**

PARA O PURÊ PICANTE
750 g de batata
30 g de manteiga
1 colher (chá) de garam masala
3 cebolinhas
1 colher (sopa) de azeite

PARA O CORDEIRO
1 cebola roxa
2 colheres (sopa) de óleo de amendoim
3 bagas de cardamomo
3 lascas grandes de noz-moscada
500 g de cordeiro moído
um punhado de folha de coentro

PARA O MOLHO DE TOMATE
2½ cm de gengibre fresco
4 dentes de alho
⅓ de xícara (chá) de purê de tomate (100 g)
1½ colher (chá) de garam masala
1 colher (chá) de pimenta vermelha em pó
½ colher (chá) de canela em pó
1 xícara (chá) de ervilha congelada (150 g)
sal marinho

COZINHE AS BATATAS COM CASCA em uma panela grande com água fervente por 15 minutos ou até ficarem macias. Enquanto isso, prepare o cordeiro. Descasque e pique a cebola roxa. Aqueça o óleo em uma frigideira grande em fogo médio e adicione a cebola, o cardamomo e a noz-moscada. Misture bem e adicione o cordeiro. Em fogo alto refogue por 3-4 minutos, até que o cordeiro esteja totalmente cozido. Reduza o fogo para médio e refogue por alguns minutos, mexendo de vez em quando, enquanto faz o molho.

PARA FAZER O MOLHO, descasque o gengibre e o alho, leve tudo para um miniprocessador de alimentos ou liquidificador e junte o purê de tomate, o garam masala, a pimenta vermelha em pó, a canela e uma boa pitada de sal. Bata até ficar homogêneo. Transfira os temperos batidos para a frigideira com o cordeiro e adicione dois terços de xícara (chá) de água quente (150 ml) quente e as ervilhas. Misture bem, tampe, reduza o fogo e cozinhe lentamente por 15 minutos, mexendo de vez em quando.

ESCORRA AS BATATAS COZIDAS e coloque-as de volta na panela. Amasse-as levemente, de modo que comecem a quebrar, adicione a manteiga, o garam masala e uma boa pitada de sal. Tampe. Apare e pique as cebolinhas, junte à panela e misture bem. Tampe e reserve.

PREAQUEÇA O FORNO em fogo alto. Pique o coentro para o cordeiro. Quando o cordeiro estiver pronto, junte o coentro e misture bem. Despeje com cuidado o cordeiro refogado em um refratário e, com uma colher, adicione as batatas temperadas. Regue com azeite e asse por 5 minutos ou até a batata ficar crocante e dourada. Sirva.

Cordeiro com Molho Tarator, Purê de Batata e Salada de Rabanete e Tomate

4 PORÇÕES PRONTO EM **40 MINUTOS**

Molho tarator é um molho de pão com atitude. Acompanhando a carne de cordeiro, forma uma combinação clássica do Oriente Médio. É feito com suco de limão, alho, pinhole, cominho e azeite e vai muito bem com suculentas costeletas de cordeiro adocicadas suavemente aromatizadas com pimenta-da-jamaica e orégano. Os sabores do cordeiro e do molho crescem quando contrastam com uma simples e fresca salada de tomate e rabanete, inspirada em inúmeras viagens ao Mediterrâneo oriental.

Você pode achar que purê de batata não soa exatamente como um acompanhamento exótico de um prato tão tradicional e condimentado – e não é mesmo. No entanto, é o acompanhamento favorito do meu pai e, eu concordo, às vezes é a única coisa no mundo que satisfaz. Nesse caso, o delicioso purê proporciona uma agradável cremosidade e é o veículo perfeito para absorver todos os sucos saborosos, para que nada seja desperdiçado, e combina surpreendentemente bem com o tempero das costeletas assadas.

PARA O PURÊ
750 g de batata
30 g de manteiga
sal marinho e pimenta-do-reino moída na hora

PARA O MOLHO TARATOR
1 fatia de pão branco
1 dente de alho
1 limão-siciliano
⅓ xícara (chá) de pinhole (55 g)
1½ colher (chá) de cominho em pó
¼ de xícara (chá) de azeite (55 ml)

PARA O CORDEIRO
8 costeletas de cordeiro pequenas (cerca de 90 g cada)
2 colheres (chá) de pimenta-da-jamaica
2 colheres (chá) de orégano seco
1 colher (sopa) de azeite

PARA A SALADA DE TOMATE E RABANETE
1¾ xícara (chá) de tomate-cereja (250 g)
200 g de rabanete
2 cebolinhas
um punhado de folha de hortelã
um punhado de folha de salsinha
1 limão-siciliano
2 colheres (sopa) de azeite

PREAQUEÇA O FORNO a 200°C. Para fazer o purê, cozinhe as batatas com casca em uma panela grande com água fervente por 15 minutos ou até ficarem macias. Escorra, retorne-as para a panela, adicione a manteiga e uma boa pitada de sal e pimenta-do--reino. Amasse bastante até ficar homogêneo, tampe e mantenha quente.

ENQUANTO ISSO, PREPARE O MOLHO TARATOR. Rasgue o pão em pedaços pequenos e coloque em um processador de alimentos. Descasque o alho e leve ao processador de alimentos. Acrescente o suco do limão, os pinholes, o cominho, o azeite e uma boa pitada de sal e pimenta-do-reino. Adicione 3 colheres (sopa) de água e bata até obter um molho grosso. Coloque o molho tarator em uma tigela que vai à mesa, finalize com pimenta-do-reino, tampe e reserve.

COLOQUE AS COSTELETAS DE CORDEIRO em uma tábua de cozinha e faça sulcos em ambos os lados com uma faca afiada. Coloque o cordeiro em uma tigela e tempere com pimenta-da-jamaica, orégano, azeite e uma boa pitada de sal e pimenta--do-reino. Misture bem até revestir todo o cordeiro. Coloque o cordeiro em uma grelha sobre uma assadeira e deixe por 8-10 minutos, até ficar macio e suculento.

FAÇA A SALADA enquanto o cordeiro assa. Corte os tomates-cereja e os rabanetes ao meio e coloque-os em uma tigela. Apare e pique as cebolinhas, as folhas de hortelã e a salsinha. Junte tudo aos tomates. Regue com o suco do limão, o azeite e tempere com uma boa pitada de sal e pimenta-do-reino. Misture bem e reserve. Sirva o cordeiro assado e o purê com a salada e molho tarator.

Curry de Carne Quatro Irmãos

4 PORÇÕES PRONTO EM **30 MINUTOS**

750 g de batata nova
3 hastes de capim-limão
3 dentes de alho
1 pimenta vermelha
2 colheres (sopa) de óleo de amendoim
4 bagas de cardamomo
2 anises-estrelados
5 cm de canela em pau
4 cravos
1½ xícara (chá) de creme de coco (400 ml)
2 colheres (sopa) de purê de tomate
2 colheres (sopa) de molho de peixe
1 colher (chá) de açúcar
4 bifes de contrafilé (cerca de 125 g cada)
1 limão

CORTE AS BATATAS COM CASCA ao meio e cozinhe em uma panela grande com água fervente por 10-12 minutos, até ficarem macias. Escorra e deixe na peneira.

ENQUANTO ISSO, RETIRE AS FOLHAS DURAS exteriores do capim-limão e retire a ponta das hastes. Descasque o alho e remova o topo da pimenta. Coloque o capim-limão, o alho e a pimenta em um miniprocessador de alimentos e bata, até formar uma pasta.

AQUEÇA O ÓLEO em uma panela grande e rasa em fogo médio e acrescente o cardamomo, os anises-estrelados, a canela e os cravos. Refogue por 30 segundos, até os aromas se desprenderem, junte a pasta de especiarias e refogue por 10 segundos, até que ela também libere seus aromas. Junte o creme de coco, o purê de tomate, o molho de peixe e o açúcar. Misture bem e deixe cozinhar lentamente.

FATIE OS BIFES em tiras de 5 cm e adicione-os à panela com o molho. Acrescente com cuidado as batatas e misture bem. Deixe ferver, em seguida, tampe, reduza o fogo e cozinhe em fogo brando por 5 minutos. Retire a tampa e cozinhe por mais 10 minutos, mexendo de vez em quando, até que a carne esteja totalmente cozida e o molho, brilhante e espesso.

ENQUANTO A CARNE COZINHA, corte o limão em quatro. Sirva o curry com as fatias de limão para refrescar.

SOUKS E COZIDO DE CARNE BERBERE

O Marrocos é um país encantador. Adoro tudo o que ele oferece, desde a arte e a arquitetura até as pessoas, as paisagens impressionantes e a excelente comida. Minha pesquisa para este livro me levou para lá por várias semanas, nas quais pude comer em Fez e na fabulosa cidade costeira de Essaouira e fazer várias viagens a Marrakech.

Passei um dia muito feliz na cidade ensolarada vagando pela medina, escapando dos vendedores de tapete e bebendo muito chá de hortelã. Adoro coberturas e encontrei uma ótima, com vista digna de cartão-postal da cidade esparramada sob as imponentes montanhas Atlas cobertas de neve, reluzindo sob o céu azul vívido.

À medida que o sol se punha, a cidade despertava. Os souks empoeirados eram iluminados por milhares de lâmpadas, e os comensais famintos eram atraídos para a rua na noite fria pelos aromas deliciosos que se desprendiam das barracas de comida na famosa praça Jamaa el-Fna.

As barracas de Jamaa el-Fna vendem de tudo. É comida de rua em nível avançado. Dei várias voltas pelas barracas e escolhi um cozido substancioso feito em uma panela de barro chamado tangier. O cozido levava apenas carne, especiarias e manteiga, e ficava no fogo durante horas para que os deuses do sabor operassem sua mágica e o transformassem num prato sublime. Coisas boas vêm para aqueles que esperam, mas felizmente não neste livro. Com algumas mudanças inteligentes recriei uma versão muito especial do sublime cozido de carne berbere, que fica pronto em apenas 45 minutos. Não deixe de provar!

Cozido de Carne Berbere

4 PORÇÕES PRONTO EM **45 MINUTOS**

1 cebola roxa
4 dentes de alho
1 cenoura
2 abobrinhas
2 colheres (sopa) de azeite
600 g de filé
2 colheres (sopa) de purê de tomate
2 colheres (chá) de cominho em pó
2 colheres (chá) de gengibre em pó
1 colher (chá) de páprica
1 colher (chá) de pimenta-do-reino moída na hora
½ colher (chá) de canela em pó
1 colher (chá) de farinha
1 colher (sopa) de mel claro
¾ de xícara (chá) de cuscuz (150 g)
um punhado de folha de salsinha
1 limão em conserva
¾ de xícara (chá) de iogurte (200 g)
2 colheres (sopa) de harissa
2 colheres (sopa) de amêndoa laminada torrada
sal marinho

DESCASQUE E PIQUE a cebola e o alho. Em seguida, descasque a cenoura. Corte a cenoura e a abobrinha em meias-luas de 1 cm. Aqueça o azeite em uma panela grande em fogo alto e coloque as cenouras e as abobrinhas. Cozinhe por 4 minutos, mexendo sempre, para amolecer.

ENQUANTO ISSO, CORTE A CARNE em cubos de 2-3 cm e junte aos legumes cozidos. Adicione a cebola e o alho e misture bem. Reduza o fogo para médio, acrescente o purê de tomate, o cominho, o gengibre em pó, a páprica, a pimenta-do-reino, a canela, a farinha, o mel e 1 xícara (chá) de água fervente (250 ml). Misture bem, deixe ferver, tampe e cozinhe por 10 minutos ou até que a carne esteja totalmente cozida.

ENQUANTO A CARNE COZINHA, coloque o cuscuz numa tigela grande e adicione três quartos de xícara (chá) de água quente (185 ml). Cubra com filme de PVC e reserve por 10 minutos ou até que esteja pronto para comer.

PIQUE A SALSINHA enquanto o cuscuz absorve a água. Retire a polpa do limão em conserva e pique a casca. Reserve. Descarte a polpa. Coloque o iogurte em uma tigela, misture a harissa, tampe e reserve.

RETIRE A TAMPA do cozido, aumente o fogo para médio e cozinhe por mais 5 minutos, mexendo de vez em quando, para que o caldo engrosse. Adicione a salsinha e a casca do limão em conserva no cozido e misture bem. Afofe o cuscuz com um garfo e divida em quatro tigelas. Cubra com o cozido, as amêndoas e sirva acompanhado do iogurte com harissa.

Pargo Mexicano com Abobrinha Assada ao Limão-Siciliano e Tempero Picante de Limão

4 PORÇÕES PRONTO EM **40 MINUTOS**

Esse prato tem um sabor incrível e é muito rápido de se fazer. Sua beleza vem das pronunciadas notas defumadas do molho. Recorri à culinária mexicana e grelhei a cebola, o alho e os tomates antes de colocá-los no liquidificador com as especiarias para fazer o molho. Pode parecer um pouco complicado, mas exige apenas alguns minutos extras e acrescenta muito ao sabor final – e o defumado fica ainda mais pronunciado se usarmos pimentas chipotle. A canela e a páprica conferem um toque de doçura à base, que vai muito bem com o peixe. Os sabores se combinam enquanto o molho cozinha delicadamente por alguns minutos antes de receber os filés de peixe.

O prato fica completo com o acompanhamento das abobrinhas assadas macias e cremosas, e a coisa toda ganha vida com um pouco de tempero à base de pimenta, limão e sal para servir à mesa.

PARA AS ABOBRINHAS AO LIMÃO-SICILIANO

600 g de abobrinhas
3 ramos grandes de tomilho
2 colheres (sopa) de azeite
½ limão-siciliano
sal marinho e pimenta-do-reino moída na hora

PARA O PARGO E O MOLHO

2 pimentas chipotle
1 cebola roxa
4 dentes de alho
4 tomates
1 colher (chá) de canela em pó
½ colher (chá) de páprica
1 colher (chá) de açúcar mascavo
folha de um ramo grande de tomilho
4 filés de pargo (cerca de 125 g cada)
um punhado de folha de coentro
2 colheres (sopa) de azeite extravirgem da melhor qualidade

PARA O TEMPERO PICANTE DE LIMÃO

2 limões
1 colher (chá) de pimenta em flocos esmagada
1 colher (chá) de sal marinho

PARA SERVIR

4 tortillas de farinha grandes

PREAQUEÇA O FORNO a 200°C. Para fazer as abobrinhas ao limão, corte-as em cubos de 1,5 cm e coloque em uma assadeira. Adicione o tomilho, o azeite e uma boa pitada de sal e pimenta-do-reino. Regue com o suco do limão e misture bem. Asse as abobrinhas por 30-35 minutos, até ficarem macias e cremosas.

ENQUANTO ISSO, UMEDEÇA AS PIMENTAS CHIPOTLE para o molho do pargo em 2 colheres (sopa) de água quente e reserve. Aqueça uma frigideira antiaderente em fogo alto. Enquanto a frigideira aquece, descasque a cebola e corte em quatro, depois descasque o alho. Transfira-os com cuidado para a panela quente e toste por 2 minutos. Acrescente os tomates e vire os dentes de alho. Grelhe por mais 2-3 minutos, até que os tomates e a cebola estejam tostados de um lado e o alho em ambos os lados.

ENQUANTO OS TOMATES GRELHAM, coloque em uma tigela as raspas de limão para o tempero picante, a pimenta em flocos e o sal. Reserve.

TRANSFIRA OS INGREDIENTES GRELHADOS e as pimentas chipotle com a água para um liquidificador ou processador de alimentos. Junte a canela, a páprica, o açúcar mascavo, o tomilho e uma boa pitada de sal. Acrescente o suco de 1 limão e meio e bata até obter um molho homogêneo.

TRANSFIRA O MOLHO para uma panela grande e rasa e deixe ferver em fogo médio. Cozinhe por 10 minutos, mexendo de vez em quando. Em seguida, junte os filés de peixe com a pele para baixo. Tampe e cozinhe por 4-5 minutos, até que o peixe esteja macio e cozido.

APERTE A MISTURA DE TEMPEROS entre os dedos para acentuar todos os sabores enquanto o peixe cozinha. Corte a metade de limão restante em quatro.

POLVILHE O COENTRO sobre o peixe cozido e regue com o azeite extravirgem. Sirva o peixe com as abobrinhas cozidas, as tortillas, o limão e o tempero picante.

Bacalhau Assado à Dongbai com Refogado de Espinafre e Amendoim

4 PORÇÕES PRONTO EM **25 MINUTOS**

Esse prato é uma homenagem ao período que passei em Dongbai, na China. Havia peixe em todas as refeições, acompanhando praticamente tudo: carne, marisco, vegetais, sopas, guisados e bolinhos. As mesas eram forradas com comida, definitivamente uma das minhas visões favoritas. Preparar vários pratos é trabalho duro, então eliminei muitas coisas nessa versão simples, mas deliciosa.

A combinação de pimenta em flocos, sementes de gergelim e sementes de cominho foi minha melhor descoberta nessa região do norte da China. Os três sabores funcionam perfeitamente juntos. Moo metade dos grãos e reservo o restante para fazer uma crosta picante para o peixe, com uma textura crocante. As especiarias são realçadas pelos sabores do molho de ostra, do molho de soja e do mel, que dão à marinada uma base agridoce. São sabores marcantes, e o bacalhau vai bem com todos eles.

O refogado simples de espinafre e amendoim é ligeiramente ácido para complementar o bacalhau assado. Tradicionalmente, ele seria feito com vinagre preto chinês, mas é um ingrediente difícil de encontrar. Eu realmente gosto do sabor de vinagre de vinho tinto e do molho de soja usados aqui.

PARA O ARROZ

1¼ xícara (chá) de arroz jasmim (250 g)

PARA O BACALHAU ASSADO

2 colheres (chá) de pimenta em flocos esmagada
2 colheres (sopa) de semente de gergelim
2 colheres (chá) de semente de cominho
6 colheres (sopa) de molho de ostra
2 colheres (sopa) de molho de soja
1 colher (sopa) de mel claro
1½ colher (sopa) de óleo de amendoim
4 filés de bacalhau sem pele (cerca de 175 g cada)

PARA O ESPINAFRE E O AMENDOIM

1 colher (sopa) de óleo de pimenta
⅓ de xícara (chá) de amendoim (55 g)
400 g de espinafre
1 colher (sopa) de molho de soja light
2 colheres (chá) de vinagre de vinho tinto

PREAQUEÇA O FORNO A 200°C. Cozinhe o arroz em água fervente por 10-12 minutos, até ficar macio ou conforme indicado na embalagem. Escorra em uma peneira. Despeje água fervente em uma panela até uma profundidade de 2,5 cm e aqueça em fogo baixo. Coloque a peneira com o arroz sobre a panela e deixe cozinhar no vapor até o arroz ficar grudento e pronto para comer.

ENQUANTO ISSO, COLOQUE METADE DA PIMENTA EM FLOCOS, das sementes de gergelim e das sementes de cominho para o bacalhau assado em um moedor de especiarias. Moa até obter um pó fino. Transfira para uma tigela e adicione o molho de ostra, o molho de soja, o mel e 1 colher (sopa) de óleo e misture bem. Junte o peixe e mescle bastante, até revestir totalmente os filés no tempero.

COLOQUE O PEIXE em uma assadeira pequena e jogue o restante da marinada por cima. Polvilhe a maior parte da pimenta em flocos, das sementes de gergelim e de cominho restantes por cima, e regue com o óleo restante. Asse por 12-15 minutos até que o peixe esteja cozido e macio.

REFOGUE O ESPINAFRE E O AMENDOIM enquanto o peixe assa. Aqueça um wok em fogo alto e adicione o óleo de pimenta e o amendoim. Refogue por 1 minuto, ou até começar a dourar. Junte o espinafre e continue a refogar por 2-3 minutos, até murchar. Escorra o excesso de umidade e devolva o wok ao fogo alto. Adicione o molho de soja e vinagre de vinho tinto, e continue a refogar por mais 1 minuto. Polvilhe as últimas pimentas em flocos, sementes de gergelim e sementes de cominho. Sirva o peixe com o arroz e o espinafre refogado. Lembre-se de regar com todos os encantadores sucos da assadeira, pois eles são bons demais para desperdiçar.

Brewat de Camarão e Ervas com Vermicelli de Arroz

4 PORÇÕES PRONTO EM **30 MINUTOS**

PARA O BREWAT
1 cebola roxa
4 dentes de alho
2 colheres (sopa) de azeite
1⅓ xícara (chá) de tomate-cereja (200 g)
1 xícara (chá) de passata de tomate (250 g)
1 colher (chá) de mel claro
2 colheres (chá) de cominho em pó
1 colher (chá) de páprica
½ colher (chá) de pimenta vermelha em pó
½ colher (chá) de pimenta-do-reino moída na hora
½ limão-siciliano
⅓ de xícara (chá) de caldo de legumes (100 ml)
um punhado grande de folha e caule de coentro
500 g de camarão rosa cru e sem casca (com ou sem cauda)

PARA O VERMICELLI DE ARROZ
um punhado grande de folha de coentro
200 g de vermicelli de arroz
2 colheres (sopa) de azeite
½ colher (chá) de cominho em pó
¼ de colher (chá) de pimenta vermelha em pó
½ limão-siciliano
sal marinho e pimenta-do-reino moída na hora

DESCASQUE E PIQUE a cebola e o alho. Aqueça o óleo em uma panela grande em fogo médio. Adicione a cebola e o alho e refogue por 4-5 minutos até dourar.

ENQUANTO ISSO, CORTE OS TOMATES-CEREJA ao meio, em seguida, junte à cebola refogada. Adicione a passata, o mel, o cominho, a páprica, a pimenta vermelha em pó, a pimenta-do-reino e uma boa pitada de sal. Coloque o suco do limão e o caldo, misture bem, e deixe ferver. Tampe e reduza o fogo para baixo. Cozinhe durante 10 minutos, mexendo de vez em quando, para permitir que os sabores se desenvolvam.

PIQUE GROSSEIRAMENTE O COENTRO, tanto para o brewat quanto para o macarrão, e coloque em duas tigelas. Quando o molho estiver cozido, reduza o fogo para médio e adicione os camarões e parte do coentro. Cozinhe por 5-6 minutos, mexendo de vez em quando, até os camarões cozinharem completamente e ficarem rosados.

ENQUANTO OS CAMARÕES COZINHAM, cozinhe o macarrão em água fervente por 2-3 minutos, até ficar macio ou conforme indicado na embalagem, escorra e retorne para a panela. Adicione o azeite, as folhas de coentro picadas, o cominho, a pimenta vermelha em pó, o suco do limão e uma boa pitada de sal e pimenta-do-reino. Misture bem para que todos os temperos cubram completamente o macarrão. Sirva com o brewat de camarão e ervas.

Curry de Camarão, Tamarindo e Coco da Rita

4 PORÇÕES PRONTO EM **20 MINUTOS**

Esse é um curry de camarão super-rápido, picante, doce e azedo ao mesmo tempo. Se você não encontrar tamarindo, basta espremer o suco de um limão. E pimenta vermelha em pó e pimenta-do-reino moída na hora são o suficiente, se você não tiver pimenta-da-jamaica.

- 1¼ xícara (chá) de arroz basmati (250 g)
- 2 cebolas
- 2 colheres (sopa) de óleo de amendoim
- 3 pimentas vermelhas secas
- 10 grãos de pimenta-do-reino
- 1 colher (chá) de páprica
- ½ colher (chá) de cúrcuma
- 1½ xícara (chá) de leite de coco (400 ml)
- 3 colheres (chá) de pasta de tamarindo
- 500 g de camarão rosa cru e sem casca (com ou sem cauda)
- um punhado de folha de coentro
- sal marinho

COZINHE O ARROZ em água fervente por 10-12 minutos, até ficar macio ou conforme indicado na embalagem. Escorra em uma peneira e volte para a panela. Cubra a panela com um pano de prato limpo e, em seguida, tampe. Reserve para que o arroz termine de cozinhar e fique soltinho.

ENQUANTO ISSO, DESCASQUE E CORTE as cebolas em fatias finas. Aqueça o óleo em uma panela grande em fogo médio e adicione as cebolas. Cozinhe por 4-5 minutos, mexendo de vez em quando, ou até começar a dourar.

ENQUANTO A CEBOLA COZINHA, coloque as pimentas e os grãos de pimenta-do-reino em um moedor de especiarias. Moa até obter um pó fino. Junte os temperos em pó à panela com as cebolas cozidas e acrescente a páprica, a cúrcuma e uma boa pitada de sal.

MISTURE BEM, junte o leite de coco e a pasta de tamarindo. Misture até o molho ficar vermelho-púrpura. Deixe ferver e adicione os camarões e misture bem no molho quente. Em seguida, tampe e cozinhe por 5-6 minutos, mexendo de vez em quando, até os camarões ficarem totalmente cozidos e rosados. Enquanto isso, pique grosseiramente o coentro. Polvilhe o coentro sobre o curry e sirva com arroz.

Feijão Defumado com Salsa Verde de Condesa

4 PORÇÕES PRONTO EM **30 MINUTOS**

PARA O ARROZ
1¼ xícara (chá) de arroz de grão longo (250 g)

PARA O FEIJÃO DEFUMADO
1 pimenta chipotle
4 xícaras (chá) de feijão--rajado em conserva (800 g)
1 pimentão vermelho
1 cebola roxa
2 colheres (sopa) de azeite
2 folhas de louro
4 dentes de alho
1 colher (chá) de canela em pó
2 colheres (chá) de cominho em pó
1⅔ xícara (chá) de tomates picados em conserva (400 g)
1½ colher (sopa) de mel claro
55 g de queijo gruyère
sal marinho

PARA A SALSA VERDE
1 abacate
3 cebolinhas
1 pimenta verde
dois punhados grandes de folha e caule de coentro
2 colheres (sopa) de azeite
1 limão

COZINHE O ARROZ em água fervente por 10-12 minutos, até ficar macio ou conforme indicado na embalagem. Escorra em uma peneira. Em seguida, cubra com um pano de prato limpo, ainda no escorredor e reserve. Enquanto isso, corte a pimenta chipotle ao meio e coloque em uma tigela pequena. Adicione 2-3 colheres (sopa) de água fervente e deixe hidratar por alguns minutos.

ESCORRA E LAVE O FEIJÃO e reserve. Retire as sementes do pimentão, descasque a cebola e pique os dois. Aqueça o azeite em uma panela grande em fogo alto e adicione o pimentão e a cebola. Refogue por 3 minutos para amolecer, em seguida reduza o fogo para médio e adicione as folhas de louro. Junte o alho descascado e esmagado. Misture bem.

ACRESCENTE A CANELA, o cominho, os tomates, o mel e o feijão ao refogado. Tempere com sal. Junte a pimenta chipotle com a água. Misture bem, tampe e cozinhe por 15 minutos, mexendo de vez em quando, ou até que os grãos estejam aquecidos e o molho fique espesso.

FAÇA A SALSA VERDE. Corte o abacate ao meio e retire o caroço com uma faca. Com uma colher, transfira a polpa para um liquidificador ou processador de alimentos. Corte as cebolinhas e retire o topo da pimenta. Leve tudo ao liquidificador junto com o coentro, o azeite, o suco do limão e um pouco de sal. Bata até obter uma salsa grossa. Coloque em uma tigela que vai à mesa. Sirva o arroz e feijão coberto com queijo ralado, acompanhado da salsa.

Curry de Vegetais Gujarati do Amish

4 PORÇÕES PRONTO EM **35 MINUTOS**

Prepare o molho sem os vegetais, cozinhe os legumes e resfrie-os com água para preparar o prato com antecedência. Para servir, aqueça o molho e junte os legumes até os vegetais aquecerem.

- 1¼ xícara (chá) de arroz basmati (250 g)
- 2 xícaras (chá) de grão-de-bico em conserva (400 g)
- 1 cebola
- 2 colheres (sopa) de óleo de amendoim
- 2,5 cm de gengibre fresco
- 6 dentes de alho
- 4 tomates
- ½ xícara (chá) de castanha-de-caju (85 g)
- 2 colheres (chá) de coentro
- 1 colher (chá) de cominho em pó
- 1 colher (chá) de garam masala
- ½ colher (chá) de pimenta vermelha em pó
- ½ colher (chá) de cúrcuma
- 400 g de batata
- 3 cenouras
- 1 couve-flor pequena
- 200 g de vagem
- um punhado de folha de coentro
- sal marinho

COZINHE O ARROZ em água fervente por 10-12 minutos, até ficar macio ou conforme indicado na embalagem. Escorra e lave o grão-de-bico em uma peneira. Na mesma peneira, escorra o arroz e os dois para a panela. Cubra a panela com um pano de prato limpo e tampe. Reserve para que o arroz termine de cozinhar e fique soltinho.

ENQUANTO ISSO, DESCASQUE E PIQUE a cebola. Aqueça o óleo em uma panela grande em fogo médio e adicione a cebola. Cozinhe por 4-5 minutos, mexendo de vez em quando, até dourar.

DESCASQUE O GENGIBRE e o alho e coloque em um liquidificador ou processador de alimentos junto com os tomates, um terço de xícara (chá) de castanha-de-caju (55 g), o coentro em pó, o cominho, o garam masala, a pimenta vermelha em pó, a cúrcuma e uma boa pitada de sal. Bata até ficar homogêneo. Despeje essa mistura sobre a cebola cozida, misture bem e deixe ferver. Tampe, reduza o fogo e cozinhe por 20 minutos.

CORTE AS BATATAS em quatro enquanto o molho cozinha. Cozinhe-as em uma panela com água fervente por 8 minutos. Descasque e corte as cenouras e a couve-flor em pedaços pequenos. Corte as vagens ao meio. Adicione os legumes à panela com as batatas e cozinhe por 5-6 minutos, até ficarem macios. Escorra. Pique o coentro. Misture os legumes ao molho. Sirva o curry e o arroz, polvilhado de coentro e castanha-de-caju.

Ratatouille de Beirute 4 PORÇÕES PRONTO EM 45 MINUTOS

1 cebola roxa
4 dentes de alho
2 colheres (sopa) de azeite
150 g de cogumelo champignon
2 pimentões vermelhos
1 berinjela
1 abobrinha
2 xícaras (chá) de grão-de-bico em conserva (400 g)
¼ de xícara (chá) de purê de tomate (55 g)
1⅔ xícara (chá) de tomate picado em lata (400 g)
3 colheres (chá) de cominho em pó
2 colheres (chá) de páprica
½ colher (chá) de pimenta vermelha em pó
½ colher (chá) de pimenta-do-reino moída na hora
um punhado de folha de salsinha
sal marinho

PARA SERVIR
1 limão-siciliano
1 saco de salada de folha mista

DESCASQUE E PIQUE a cebola e o alho. Aqueça o azeite em uma panela grande em fogo médio. Junte a cebola e o alho e misture bem. Corte grosseiramente os cogumelos e junte à cebola. Misture tudo e deixe cozinhar por 3-4 minutos, mexendo de vez em quando, até que os cogumelos tenham murchado.

ENQUANTO ISSO, RETIRE AS SEMENTES DOS PIMENTÕES. Cortes os pimentões, a berinjela e a abobrinha em cubos de 2 cm. Escorra e lave o grão de bico. Transfira os legumes para a panela com os cogumelos cozidos e adicione o grão-de-bico, o purê de tomate, os tomates em conserva, o cominho, a páprica, a pimenta vermelha em pó, a pimenta-do-reino e uma boa pitada de sal.

JUNTE 1 xícara (chá) e um terço de água fervente (320 ml) e misture bem. Aumente o fogo para alto e deixe ferver. Tampe deixando uma pequena fresta para o excesso de vapor escapar. Em seguida, reduza o fogo para médio e cozinhe por 25-30 minutos, mexendo de vez em quando, até que os legumes estejam cozidos, mas ainda firmes.

ENQUANTO O RATATOUILLE COZINHA, pique a salsinha e corte o limão em fatias. Coloque a salada em uma tigela que vai à mesa. Pouco antes de servir, junte a salsinha picada ao ratatouille. Sirva com as fatias de limão e a salada mista.

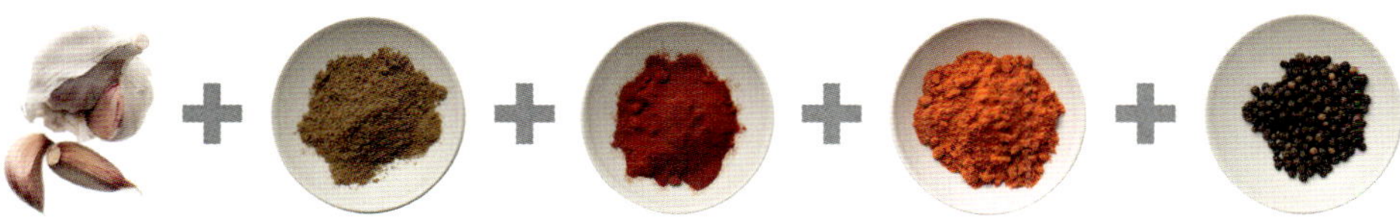

PRATOS ESPETACULARES

Há momentos em que você quer fazer tudo como manda o figurino, usar sua melhor louça, polir os cristais reservados para a rainha e preparar pratos incríveis. Neste capítulo, as receitas usam ingredientes fabulosos para criar jantares espetaculares que podem ser feitos em pouco tempo, nenhum deles leva mais de 45 minutos. Meu Belo meze de filé – rosbife de filé com especiarias servido com raita de espinafre e uma salada picante de cebola roxa e ervas – demora apenas 40 minutos para ficar pronto. Ou a deliciosa Costeleta de cordeiro da Caxemira com salada de abacaxi e pimenta e raita de hortelã, que são absolutamente alucinantes e vão à mesa em 30 minutos. Meu delicado Tagine de tamboril de Essaouira, aromatizado com limão em conserva, cominho, páprica e alho, é preparado em apenas 30 minutos. Portanto, mesmo que você esteja sem tempo, pode impressionar seus convidados com algo espetacular.

Frango com Mole Mexicano de Pimenta e Chocolate, Polenta e Salada de Erva-doce

4 PORÇÕES PRONTO EM **45 MINUTOS**

Mole é um requintado molho mexicano de sabor complexo. Requer muitos ingredientes e muito tempo, mas criei uma versão expressa que tem a mesma profundidade de sabor de um mole tradicional, sem todo o trabalho. A polenta é perfeita para absorver os sabores intensos e evoca o milho usado na culinária mexicana. Minha salada de erva-doce, com rabanetes crocantes e molho azedo, traz vivacidade e equilibra os sabores do prato.

PARA O MOLE DE PIMENTA E CHOCOLATE

6 dentes de alho
⅓ de xícara (chá) de amendoim (55 g)
4 cravos
2 pimentas chipotle
1 cebola
3 colheres (sopa) de azeite
1⅔ xícara (chá) de tomate em lata picado (400 g)
1 colher (chá) de canela em pó
1½ colher (chá) de cominho em pó
2 colheres (chá) de orégano seco
2 colheres (chá) de açúcar mascavo
30 g de chocolate amargo (70%-85% de cacau)

PARA A SALADA DE ERVA-DOCE

100 g de rabanete
2 bulbos de erva-doce
½ limão
2 colheres (sopa) de azeite
sal marinho e pimenta-do-reino moída na hora

PARA O FRANGO GRELHADO

2 colheres (sopa) de azeite
4 peitos de frango sem pele
1 colher (sopa) de sementes de gergelim

PARA A POLENTA

1⅓ xícara (chá) de polenta instantânea (200 g)
25 g de manteiga

PRIMEIRO, FAÇA O MOLE. Aqueça uma frigideira grande em fogo médio, em seguida adicione o alho sem a casca, o amendoim e o cravo. Toste por 4-5 minutos, sacudindo a panela de vez em quando, até os amendoins começarem a dourar. Enquanto isso, coloque as pimentas em uma tigela e regue com 2 colheres (sopa) de água fervente para hidratá-las. Descasque a cebola e corte em quatro.

COLOQUE O AMENDOIM, o cravo e o alho tostados em um liquidificador ou processador de alimentos. Junte as pimentas com a água, a cebola, o azeite, os tomates, a canela, o cominho, o orégano, o açúcar mascavo e uma boa pitada de sal. Bata por 2 minutos até obter um molho bem homogêneo. Transfira o molho para uma panela e deixe ferver em fogo médio. Tampe, reduza o fogo e cozinhe por 20 minutos.

ENQUANTO ISSO, PREPARE A SALADA. Corte os rabanetes em quatro e coloque-os em uma tigela que vai à mesa. Fatie a erva-doce usando um descascador de legumes e adicione à tigela com o rabanete. Esprema o suco do limão, o azeite e tempere com sal e pimenta-do-reino. Misture bem, tampe e reserve.

PARA FAZER O FRANGO GRELHADO, aqueça uma chapa até ficar bem quente. Unte o peito de frango com o azeite. Grelhe por 10-12 minutos de cada lado até ficar cozido e macio. Retire a panela do fogo e reserve.

QUANDO O MOLE TIVER COZINHADO por 20 minutos, acrescente o chocolate e misture bem. Cozinhe por mais 10 minutos, mexendo de vez em quando, para que os sabores se desenvolvam ainda mais.

FAÇA A POLENTA enquanto o molho termina de cozinhar. Despeje a polenta em uma panela e acrescente 3 xícaras (chá) e meia de água fervente (800 ml). Cozinhe em fogo baixo por 1-2 minutos, mexendo sempre, até que a água seja absorvida e a polenta esteja cozida. Misture a manteiga e uma boa pitada de sal e pimenta-do-reino. Sirva a polenta com frango, regado com o rico e aveludado mole marrom por cima. Polvilhe cada porção com sementes de gergelim e sirva com a salada.

Mansaf de Frango com Açafrão, Iogurte com Tahine e Salada Verde

4 PORÇÕES PRONTO EM **40 MINUTOS**

O mansaf é um prato jordaniano tradicionalmente feito com cordeiro e servido em uma travessa enorme. O cordeiro é cozido em um molho espesso de iogurte, servido sobre uma cama de arroz e polvilhado com nozes e ervas. É um prato feito para partilhar, assim como essa minha interpretação expressa.

Minha versão leva coxas de frango no lugar do cordeiro e é temperada com açafrão, canela, cardamomo e bastante noz-moscada. Em vez de um molho de iogurte tradicional, escolhi uma variação rápida de iogurte batido com o maravilhosamente rico tahine e um pouco de suco de limão-siciliano. Embora tenha usado salsinha, pinhole e amêndoa para polvilhar sobre o mansaf, você pode substituir por outras ervas e nozes. Arrisque-se! Para um bom mansaf, quanto mais melhor! A única coisa que eu realmente faço questão é de que você compartilhe seu mansaf com amigos e familiares junto com uma excelente garrafa de vinho!

PARA O MANSAF DE FRANGO COM AÇAFRÃO

- 1¾ xícara (chá) de arroz basmati (350 g)
- 2½ xícaras (chá) de caldo de galinha (600 ml)
- ¼ de colher (chá) de pistilo de açafrão
- 2 cebolas
- 3 colheres (sopa) de azeite
- 6 bagas de cardamomo
- 4 dentes de alho
- 2 colheres (chá) de canela em pó
- 3 folhas de louro
- 500 g de coxas de frango desossadas e sem pele
- ⅓ de xícara (chá) de pinhole (55 g)
- um punhado de folha de salsinha
- ½ noz-moscada
- ⅔ de xícara (chá) de amêndoa laminada (55 g)
- sal marinho e pimenta-do-reino moída na hora

PARA O IOGURTE COM TAHINE

- 1¼ xícara (chá) de iogurte (300 g)
- 2 colheres (sopa) de tahine
- ½ limão

PARA SERVIR

- 1 saco de salada verde

COLOQUE O ARROZ em uma tigela, cubra com água fria e mexa. Reserve por alguns minutos para permitir que a água libere o amido do arroz. Despeje o caldo em uma panela e leve à fervura em fogo médio. Assim que o caldo ferver, acrescente o açafrão, mexa bem e retire do fogo.

ENQUANTO ISSO, DESCASQUE E FATIE AS CEBOLAS. Aqueça o azeite em uma panela grande e rasa em fogo médio e adicione as cebolas. Misture bem e cozinhe por 4-5 minutos, mexendo de vez em quando, até dourar.

AMASSE AS BAGAS DE CARDAMOMO com a lateral de uma faca e junte às cebolas cozidas. Acrescente o alho sem casca e esmagado, a canela, as folhas de louro e uma boa pitada de sal. Escorra o arroz e leve-o à panela com os temperos. Misture bem para que os grãos fiquem cobertos de azeite e especiarias. Acrescente o caldo com açafrão e mexa delicadamente. Coloque as coxas de frango sobre o arroz e afunde-as com uma colher. Deixe ferver, tampe, reduza o fogo e cozinhe por 20 minutos ou até que o frango esteja cozido e o arroz, macio.

ENQUANTO O FRANGO E O ARROZ COZINHAM, coloque o pinhole em uma frigideira pequena em fogo médio e toste por 4-5 minutos, sacudindo a panela de vez em quando, até dourar. Retire do fogo e reserve.

PARA FAZER O IOGURTE COM TAHINE, despeje o iogurte em uma tigela, adicione o tahine, uma boa pitada de sal e o suco do limão. Misture bem e finalize com uma boa pitada de pimenta-do-reino moída na hora. Reserve.

PIQUE A SALSINHA e reserve. Coloque a salada em uma tigela que vai à mesa. Quando o mansaf estiver cozido, rale a noz-moscada e adicione metade do pinhole, das amêndoas e da salsinha. Tempere com sal e pimenta-do-reino e misture bem com um garfo. Polvilhe as nozes e a salsinha restantes. Sirva com o iogurte e a salada verde.

PIMENTA, TEQUILA E TOSTADAS

A bela cidade de Oaxaca, no sul do México, tem um clima artístico contagiante. Há pequenas galerias espalhadas pela cidade e o lugar é todo colorido por um variado leque de cores. Arte, música, dança e comida são o coração da vida em Oaxaca, proporcionando um cenário fantástico para a minha busca pelas melhores tostadas. Tostadas são a espinha dorsal crocante da comida mexicana: uma base de tortilla de milho crocante com deliciosas coberturas. Por isso, são o alimento perfeito para comer na rua.

Fui das sofisticadas tostadas com polvo grelhado servidas em uma linda placa de ardósia até as tostadas de porco desfiado com abacate e pimenta de uma barraca de rua. Também visitei o Mercado Benito Juárez, um enorme edifício repleto de maravilhosos produtos frescos e incríveis barracas de comida. Lá, encontrei gafanhotos fritos cobertos com sal e pimenta (o equivalente mexicano dos amendoins crocantes picantes para acompanhar a *cerveza*), caldos picantes com coentro e limão, feijão-preto acompanhado de tortillas macias e tostadas gigantescas. Na verdade, as tostadas mais pareciam pizzas – uma base crocante coberta com feijão frito e o famoso *queso* (queijo) de Oaxaca.

Combinei elementos de todas as minhas tostadas favoritas para criar um prato muito chique inspirado na comida de rua: Tostada de pato com feijão-preto e salsa. É uma delícia e leva apenas 35 minutos para preparar! Ah, claro, tome uma dose de tequila ouro antes de comer e você terá uma festa.

CERVEZA
Sol
EVITA EL EXCESO

TORTAS
TACOS
HAMBURGUESAS

Tostada de Pato com Feijão-Preto e Salsa

4 PORÇÕES PRONTA EM **35 MINUTOS**

PARA O PATO ASSADO
4 peitos de pato (cerca de 150 g cada)
4 dentes de alho
2 colheres (chá) de páprica defumada
½ colher (chá) de pimenta vermelha em pó
2 colheres (sopa) de azeite

PARA O FEIJÃO-PRETO
2 xícaras (chá) de feijão-preto em conserva (400 g)
2 colheres (sopa) de azeite
1½ colher (chá) de cominho em pó
½ limão
sal marinho e pimenta-do-reino moída na hora

PARA A SALSA
1 cebola roxa
¾ de xícara (chá) de tomate seco em óleo drenado (115 g)
1 colher (chá) de páprica defumada
½ limão

PARA SERVIR
1 alface
dois punhados grandes de folhas de coentro
4 tortillas grandes

PREAQUEÇA O FORNO A 200°C. Limpe e faça sulcos na pele dos peitos de pato. Coloque em uma assadeira pequena. Junte o alho descascado e esmagado, a páprica defumada, a pimenta vermelha em pó, o azeite e uma boa pitada de sal. Misture bem, até revestir completamente o pato. Vire o pato com a pele para cima e asse por 25-30 minutos, até dourar por fora e ficar suculento e rosado no centro.

ENQUANTO ISSO, ESCORRA E LAVE o feijão. Transfira para uma panela em fogo médio. Amasse os grãos com um espremedor de batatas, até formar uma pasta homogênea. Adicione um quarto de xícara (chá) de água (55 ml), o azeite, o cominho e o suco do limão. Tempere com sal e pimenta-do-reino e misture bem. Deixe levantar fervura, reduza o fogo e cozinhe por 8-10 minutos, mexendo de vez em quando até engrossar. Retire do fogo, tampe e reserve.

PARA FAZER A SALSA, descasque a cebola e corte em quatro. Em um processador de alimentos, coloque a cebola, o tomate seco, a páprica defumada, o suco do limão e uma pitada de sal. Bata até ficar homogêneo e transfira para uma tigela que vai à mesa.

FATIE A ALFACE e o coentro e transfira para uma travessa. Coloque as tortillas em quatro pratos e cubra com o feijão. Fatie o pato e coloque sobre o feijão. Sirva com salada e salsa.

Costeleta de Porco com Páprica e Erva-doce, Lentilha e Salada de Beterraba e Queijo de Cabra

4 PORÇÕES PRONTA EM **30 MINUTOS**

Todos os meus sabores favoritos estão reunidos nesse prato: carne de porco, páprica, erva-doce, alho, chouriço, lentilha, beterraba e queijo de cabra. Embora pareça muita coisa misturada, esses sabores combinam de modo esplêndido e cozinham super-rápido. As sementes de erva-doce e a páprica defumada criam uma crosta aromática nas costeletas de porco grelhadas à perfeição. Chouriço frito com alho, além de minha pasta de tomate seco favorita, incrementa as lentilhas. E, finalmente, uma rápida salada de rúcula, queijo de cabra e beterraba dá cor, leveza e um pouco de crocância para a refeição. Tudo isso em 30 minutos – isso sim é realmente espetacular!

PARA AS COSTELETAS DE PORCO PICANTES

1 colher (sopa) de semente de erva-doce
2 colheres (chá) de páprica defumada
4 costeletas de porco (cerca de 200 g cada)
2 colheres (sopa) de azeite

PARA AS LENTILHAS

115 g de chouriço em uma única peça
2 dentes de alho
1 colher (sopa) de azeite
1½ xícara (chá) de lentilha verde em conserva (400 g)
2 colheres (sopa) de pasta de tomate seco
um punhado de folha de salsinha
sal marinho e pimenta-do-reino moída na hora

PARA A SALADA DE BETERRABA E QUEIJO DE CABRA

200 g de beterraba sem casca e cozida
½ laranja
1 colher (sopa) de azeite
um punhado de folha de rúcula
55 g de queijo de cabra pastoso
¼ de pimenta vermelha

PREAQUEÇA A GRELHA em fogo alto. Esmague levemente as sementes de erva--doce em um pilão ou moedor de especiarias. Coloque em uma tigela e adicione a páprica e uma boa pitada de sal. Ponha a carne em uma tigela separada e regue com o azeite. Misture bem.

TRANSFIRA AS COSTELETAS para a grelha e unte com a mistura de temperos até revestir completamente um dos lados com uma fantástica crosta de especiarias. Grelhe as costeletas por 6-8 minutos de cada lado até ficarem douradas e cozidas.

ENQUANTO A CARNE DE PORCO GRELHA, pique o chouriço para as lentilhas e descasque e pique o alho. Aqueça o azeite em uma frigideira em fogo médio e adicione o chouriço e o alho. Cozinhe por 3-4 minutos, mexendo de vez em quando, até que o chouriço doure. Escorra e lave as lentilhas e junte-as ao chouriço. Adicione a pasta de tomate seco, meia xícara (chá) de água fervente (125 ml) e tempere com uma pitada de sal e pimenta-do-reino. Misture bem, reduza o fogo e cozinhe em fogo brando, mexendo de vez em quando, enquanto prepara a salada.

COLOQUE A BETERRABA em uma tigela e corte-a em pedaços pequenos usando garfo e faca (isso evita tingir as mãos de rosa e a tábua de cozinha). Junte o suco da laranja, o azeite e uma pitada de sal e pimenta-do-reino. Misture bem e transfira para uma travessa. Espalhe a rúcula sobre a beterraba e cubra com migalhas de queijo de cabra. Retire as sementes e pique a pimenta, em seguida polvilhe-a sobre a salada. Cubra e reserve.

PIQUE A SALSINHA e junte à panela com as lentilhas quentes. Aumente o fogo para alto, misture bem e cozinhe por 1-2 minutos, mexendo sempre, até engrossar. Sirva as costeletas de porco com o lado picante para cima, com as lentilhas e a salada.

Berinjela Lao Lap e Carne de Porco

4 PORÇÕES PRONTA EM **30 MINUTOS**

2 pimentas vermelhas
6 dentes de alho
5 colheres (sopa) de óleo de amendoim
2 berinjelas
2 colheres (sopa) de molho de peixe
3 colheres (sopa) de molho de soja escuro
1¼ xícara (chá) de arroz jasmim (250 g)
2 hastes de capim-limão
um punhado de endro
um punhado de folha de coentro
um punhado de folha de hortelã
500 g de carne de porco moída
1 limão
um punhado de broto de feijão

RETIRE O TOPO e pique 1 pimenta. Descasque o alho e fatie 3 dentes. Aqueça 3 colheres (sopa) de óleo em uma frigideira grande em fogo médio-baixo e adicione a pimenta e o alho fatiado. Misture bem e cozinhe, mexendo de vez em quando.

CORTE AS BERINJELAS em rodelas de 5 mm e espalhe-as na panela. Junte 1 colher (sopa) de molho de peixe e 2 colheres (sopa) de água. Tampe e cozinhe por 20 minutos ou até a berinjela amolecer, sacudindo a panela de vez em quando e virando-as durante o cozimento. Destampe e adicione 2 colheres (sopa) de molho de soja. Aumente o fogo para médio e cozinhe por 4-5 minutos, sacudindo a panela de vez em quando, até que as berinjelas ganhem cor.

ENQUANTO ISSO, COZINHE O ARROZ em água fervente por 10-12 minutos, até ficar macio ou conforme indicado na embalagem. Escorra em uma peneira. Enquanto o arroz cozinha, retire as folhas duras exteriores do capim-limão e corte a ponta das hastes. Corte o topo da pimenta restante. Coloque o capim-limão, a pimenta e o alho restante em um miniprocessador de alimentos. Bata até formar uma pasta grosseira. Pique metade das ervas e reserve.

AQUEÇA UM WOK em fogo alto até ficar bem quente. Adicione o óleo restante e a carne de porco. Refogue por 2 minutos, adicione a pasta de especiarias e refogue por mais 2-3 minutos, até que a carne de porco esteja totalmente cozida. Adicione os molhos de peixe e de soja, o suco do limão e refogue por 1 minuto. Desligue o fogo, junte as ervas picadas, misture bem e reserve. Coloque as berinjelas cozidas em uma travessa grande, junte a carne de porco e cubra com as ervas e os brotos de feijão restantes. Sirva com o arroz.

Costeleta de Cordeiro da Caxemira, Salada de Abacaxi e Pimenta e Raita de Hortelã e Limão

4 PORÇÕES PRONTA EM **30 MINUTOS**

Essas costeletas de cordeiro são aromatizadas com as suaves e vermelhas pimentas da Caxemira, além de gengibre, cravo e alho. O leite de coco grosso sobre o cordeiro dá um último toque de cremosidade às costeletas. O sabor da pimenta da Caxemira é inconfundível e torna cada bocado de cordeiro grelhado uma experiência feliz. Em todos os pratos, procuro o equilíbrio de sabores e texturas, e o cordeiro pede um complemento refrescante e suculento. Minha salada de abacaxi, pimenta, tomate, azeitona, hortelã e limão refresca com uma explosão de cor e sabor. O prato é muito bem finalizado com o raita de hortelã e limão.

PARA AS COSTELETAS DE CORDEIRO

4 pimentas-dedo-de-moça secas
8 cravos
10 grãos de pimenta-preta
2,5 cm de canela em pau
1 colher (chá) de sal marinho
1 colher (chá) de açúcar
2,5 cm de gengibre fresco
4 dentes de alho
2 colheres (sopa) de vinagre de vinho branco
2 colheres (sopa) de azeite
8 costeletas de cordeiro
25 g de creme (ou leite) de coco

PARA SERVIR

4 pães pita

PARA A SALADA DE ABACAXI E PIMENTA

1 pimenta vermelha
½ abacaxi
1 xícara (chá) de tomate-cereja (150 g)
1 cenoura
1 xícara (chá) de broto de feijão (100 g)
¼ de xícara (chá) de azeitona preta sem caroço (30 g)
um punhado de folha de hortelã
1 limão
2 colheres (sopa) de azeite
sal marinho

PARA O RAITA DE HORTELÃ E LIMÃO

1 xícara (chá) de iogurte (250 g)
½ limão
um punhado de folha de hortelã
1 colher (sopa) de azeite
uma pitada de pimenta vermelha em pó

PREAQUEÇA A GRELHA em fogo alto e o forno a 180°C. Coloque as pimentas-dedo-de-moça, o cravo, os grãos de pimenta, a canela, o sal e o açúcar em um moedor de especiarias e moa até obter um pó. Adicione o gengibre e o alho descascados, o vinagre de vinho branco e o azeite. Misture até formar uma pasta lisa.

COLOQUE AS COSTELETAS DE CORDEIRO em uma tigela e junte a pasta de especiarias. Misture bem até que o cordeiro esteja completamente revestido de temperos. Leve o cordeiro à grelha por 6-8 minutos de cada lado, até ficar dourado por fora e rosado e suculento no centro.

ENQUANTO O CORDEIRO GRELHA, coloque os pães no forno quente e desligue para não queimá-los, apenas aquecê-los. Em seguida, faça a salada. Corte o topo da pimenta e role-a entre as mãos para retirar as sementes. Pique a pimenta e coloque em uma tigela grande. Retire o topo e a base do abacaxi, coloque-o na vertical na tábua de cozinha. Descasque, de cima para baixo. Com cuidado, elimine qualquer pedaço de casca. Corte o abacaxi ao meio longitudinalmente e retire o miolo duro, restando apenas a polpa macia.

PIQUE A POLPA DO ABACAXI em pedaços pequenos e corte os tomates-cereja ao meio. Junte à tigela com a pimenta. Descasque e rale grosseiramente a cenoura dentro da tigela. Adicione os brotos de feijão, as azeitonas e as folhas de hortelã, picadas, se necessário. Regue com o suco do limão e o azeite, e tempere com sal. Misture bem.

PARA FAZER O RAITA, coloque o iogurte em uma tigela que vai à mesa, esprema o suco do limão e tempere com uma pitada de sal. Pique a hortelã e adicione à tigela. Misture bem, regue com o azeite e cubra com uma pitada de pimenta vermelha em pó. Sirva o cordeiro cozido com o leite de coco grosso, a salada refrescante, o raita e os pães aquecidos.

Cordeiro da Manchúria, Vinagrete de Tamarindo e Batata Grelhada Picante

4 PORÇÕES PRONTO EM **40 MINUTOS**

PARA O CORDEIRO ASSADO
1 colher (chá) de pimenta-chinesa
2 colheres (sopa) de semente de gergelim
2 colheres (chá) de semente de cominho
600 g de filé de lombo de cordeiro limpo
2 colheres (sopa) de azeite
sal marinho

PARA AS BATATAS GRELHADAS
500 g de batata
2 colheres (sopa) de óleo de pimenta

PARA O VINAGRETE DE TAMARINDO
2 colheres (sopa) de pasta de tamarindo
3 colheres (chá) de mel claro
2 colheres (chá) de molho de soja
2 colheres (chá) de óleo de gergelim
450 g de repolho branco
4 cebolinhas
½ pimenta vermelha
um punhado de folha de coentro

PREAQUEÇA O FORNO a 200°C. Coloque metade da pimenta-chinesa, das sementes de gergelim e de cominho em um moedor de especiarias e moa até obter um pó homogêneo. Transfira para uma tigela e adicione os temperos restantes e uma boa pitada de sal. Misture bem.

RETIRE A MEMBRANA DOS FILÉS DE LOMBO. Corte o cordeiro em pedaços de 7,5-10 cm e coloque em uma assadeira pequena. Regue com o azeite e misture bem. Esfregue dois terços das especiarias no cordeiro. Asse por 15-20 minutos até a carne estar totalmente cozida e bem macia.

ENQUANTO ISSO, COZINHE AS BATATAS por 12-15 minutos, até ficarem macias. Enquanto o cordeiro e as batatas cozinham, faça o vinagrete. Misture a pasta de tamarindo, o mel, o molho de soja, o óleo de gergelim e 2 colheres (sopa) de água em uma tigela. Rale o repolho com o ajuste fino de um processador de alimentos e junte à tigela com o molho. Apare e fatie as cebolinhas, em seguida pique a pimenta e o coentro. Coloque na tigela com o repolho e misture bem. Transfira para uma travessa e cubra.

AQUEÇA UMA CHAPA em fogo alto. Escorra as batatas cozidas e retorne-as para a panela. Acrescente o óleo de pimenta, uma pitada de especiarias mistas e uma pequena pitada de sal. Misture bem, e não tenha medo de quebrar as batatas. Transfira as batatas para a chapa quente e cozinhe por 2 minutos de cada lado ou até que comecem a dourar nitidamente, sacudindo a chapa de vez em quando. Fatie o cordeiro e polvilhe com um pouco dos temperos. Sirva com as batatas, o vinagrete e os outros temperos.

Cordeiro Caramelizado da Malásia com Arroz de Penang Garden

4 PORÇÕES PRONTO EM **40 MINUTOS**

PARA O CORDEIRO
- 4 bifes de alcatra de cordeiro (cerca de 150 g cada)
- 1 colher (chá) de cinco especiarias chinesas em pó
- 2 colheres (sopa) de vinho de arroz
- 2 colheres (sopa) de molho de ostra
- 1 colher (sopa) de molho de soja light
- 1 colher (chá) de óleo de gergelim
- 1 colher (chá) de azeite

PARA O ARROZ DE PENANG
- 1¾ xícara (chá) de arroz basmati (350 g)
- 2½ cm de gengibre fresco
- 1 cebola
- 2 hastes de capim-limão
- 2 colheres (sopa) de óleo de amendoim
- 1 colher (chá) de sementes de feno-grego
- 2½ cm de canela em pó
- 4 bagas de cardamomo
- 3 anises-estrelados
- 1½ xícara (chá) de leite de coco (400 ml)
- um punhado de folha de coentro
- 3 colheres (sopa) de molho de peixe

PREAQUEÇA O FORNO A 200°C. Coloque o cordeiro em uma pequena assadeira e adicione as cinco especiarias chinesas em pó, o vinho de arroz, o molho de ostra, o molho de soja, o óleo de gergelim e o azeite. Misture bem e reserve, para marinar.

COLOQUE O ARROZ em uma panela grande, cubra com água fria e mexa. Deixe 5 minutos de molho.

DESCASQUE E PIQUE O GENGIBRE e a cebola. Esmague as extremidades mais grossas do capim-limão com uma colher de pau. Aqueça o óleo de amendoim em uma panela rasa em fogo médio e adicione o feno-grego, a canela, o cardamomo e o anises-estrelados. Refogue por 30 segundos, até os aromas se desprenderem, em seguida, adicione a cebola e o gengibre. Cozinhe por 4-5 minutos, mexendo de vez em quando, até que a cebola comece a dourar.

ENQUANTO ISSO, LEVE O CORDEIRO ao forno por 15-20 minutos, até ficar totalmente cozido e macio.

ESCORRA O ARROZ em uma peneira, em seguida junte à panela com a cebola e as especiarias. Acrescente 1 xícara (chá) e meia de água quente (400 ml) e o leite de coco. Coloque o capim-limão na panela, mexa e tampe. Reduza o fogo e cozinhe lentamente por 10-15 minutos, até que toda a água tenha sido absorvida e o arroz esteja macio. Você sempre pode adicionar mais água quente, se necessário. Fatie o cordeiro.

PIQUE O COENTRO, em seguida tempere o arroz cozido com o molho de peixe. Transfira para uma travessa. Sirva o cordeiro sobre o arroz, polvilhado com coentro.

Belo Meze de Filé **4** PORÇÕES PRONTO EM **40 MINUTOS**

Eu adoro meze: uma mesa repleta de maravilhosa comida caseira para compartilhar entre grandes amigos e familiares, enquanto a conversa e o vinho rolam soltos. Não resisti e inclui uma versão super-rápida neste livro. Esse meze de filé, inspirado no Mediterrâneo Oriental, tem tudo: rosbife com crosta de temperos, raita de espinafre, salada crocante e pães quentinhos.

Antes de assar, a carne é envolta em uma crosta de especiarias, limão e alho, que penetram na carne durante o cozimento. Minha vibrante salada de cebola roxa e tomate, com muito coentro e salsinha e um farto molho de suco de limão e azeite, complementa o filé. Minha versão do raita tradicional leva espinafre refogado com alho junto com iogurte refrescante e pinhole torrado. É uma combinação celestial. Apenas se certifique de espremer todo o excesso de umidade do espinafre cozido. Meu jeito favorito de comer essa refeição é rechear um pão com carne e salada, regar com raita em abundância, enrolar e comer!

PARA O ROSBIFE
600 g de filé
4 dentes de alho
2 colheres (chá) de páprica
2 colheres (chá) de cominho em pó
1 colher (chá) de coentro em pó
2 colheres (sopa) de azeite
1 limão-siciliano
sal marinho e pimenta-do-reino moída na hora

PARA O RAITA DE ESPINAFRE
2 dentes de alho
2 colheres (sopa) de azeite
¼ de xícara (chá) de pinhole (30 g)
200 g de espinafre baby
1 xícara (chá) de iogurte grego (225 g)
1 limão-siciliano

PARA A SALADA DE CEBOLA, TOMATE E ERVAS
2 cebolas roxas
1½ limão
2 tomates grandes
dois punhados grandes de folha de coentro
dois punhados grandes de folha de salsa
2 colheres (sopa) de azeite

PARA SERVIR
4 pães pita

PREAQUEÇA O FORNO a 200°C e tire a carne da geladeira para atingir a temperatura ambiente. Descasque o alho e coloque em um miniprocessador de alimentos com a páprica, o cominho e o coentro. Adicione o azeite, o suco do limão e uma boa pitada de sal e pimenta-do-reino. Bata até ficar homogêneo.

COLOQUE A CARNE EM UMA ASSADEIRA e unte-a por completo com a pasta de temperos. Asse por 30-35 minutos, até ficar tostada por fora e macia no miolo.

ENQUANTO A CARNE ASSA, descasque e corte o alho para o raita. Aqueça o azeite em um wok em fogo alto e adicione o pinhole. Refogue por 30 segundos, até dourar, retire da panela e reserve. Coloque o alho no wok. Refogue por 30 segundos, até dourar, em seguida adicione o espinafre e uma pitada de sal. Continue a refogar por 2-3 minutos, até que o espinafre murche completamente. Coloque o espinafre em uma peneira fina e deixe escorrer.

PARA FAZER A SALADA, descasque e fatie as cebolas roxas e transfira para uma tigela. Esprema o suco do limão e adicione uma boa pitada de sal. Misture e reserve.

COM AS COSTAS DE UMA COLHER, retire o excesso de umidade do espinafre. Transfira para uma tigela e adicione o iogurte, o suco do limão e tempere com sal e pimenta-do-reino. Misture bem, cubra com o pinhole e tampe.

CORTE OS TOMATES para a salada ao meio e retire as sementes. Pique os tomates e leve à tigela com a cebola. Pique as ervas e adicione. Regue com azeite e acrescente uma pitada de pimenta. Misture bem.

COLOQUE OS PÃES no forno por 2 minutos para aquecerem. Quando a carne estiver assada, retire do forno e transfira para uma tábua. Fatie a carne e sirva com os pães quentes, o raita de espinafre e a salada. Ah, e uma ou duas taças de vinho tinto.

Filé Coreano com Kimchi de Cenoura e Sanjim

4 PORÇÕES PRONTO EM **40 MINUTOS**

PARA O KIMCHI DE CENOURA
1 kg de cenoura
4 colheres (sopa) de sal
2,5 cm de gengibre fresco
1 dente de alho
1 colher (sopa) de molho de peixe
2 colheres (chá) de açúcar
1 colher (chá) de pimenta vermelha em pó
3 colheres (sopa) de iogurte
½ colher (chá) de mel claro
dois punhados de cebolinha-francesa

PARA O SANJIM
1 dente de alho
12 cebolinhas
½ xícara (chá) de nozes (60 g)
1 colher (sopa) de molho de soja light
2 colheres (sopa) de molho de pimenta
2 colheres (chá) de mel claro
2 colheres (chá) de óleo de gergelim

PARA OS FILÉS
2 colheres (sopa) de azeite
4 filés de costela (cerca de 250 g cada)
sal marinho e pimenta-do-reino moída na hora

PARA FAZER O KIMCHI, descasque e rale as cenouras em um processador de alimentos. Transfira para uma tigela grande. Adicione o sal e 3 xícaras (chá) de água fervente (750 ml). Misture com uma colher de pau e reserve por 20 minutos. Enquanto isso, prepare o molho para o kimchi. Em uma tigela, descasque e rale o gengibre e descasque e esmague o alho. Adicione o molho de peixe, o açúcar, a pimenta vermelha em pó, o iogurte e o mel. Pique a cebolinha-francesa e leve à tigela. Misture bem, cubra e reserve.

PARA FAZER O SANJIM, descasque o alho, corte as cebolinhas e transfira para um miniprocessador de alimentos junto com as nozes. Bata até formar uma mistura grossa. Transfira para uma tigela e adicione o molho de soja, o molho de pimenta, o mel e o óleo de gergelim. Misture bem, cubra e reserve.

PARA COZINHAR OS FILÉS, aqueça uma frigideira em fogo alto até ficar bem quente. Unte os filés com o azeite e tempere os dois lados com sal e pimenta-do-reino. Grelhe os filés por 2-3 minutos de cada lado até ficarem tostados por fora e perfeitamente rosados no centro. Retire do fogo e deixe descansar.

ESCORRA E LAVE AS CENOURAS em água fria. Repita várias vezes para remover todo o sal. Esprema o excesso de água com as mãos e transfira as cenouras para a tigela com o molho. Misture bem e sirva com os filés e o sanjim.

Tagine de Tamboril de Essaouira

4 PORÇÕES PRONTO EM **30 MINUTOS**

600 g de filé de tamboril sem pele
½ limão
¾ de xícara (chá) de cuscuz (150 g)
2 cenouras
4 dentes de alho
2 pimentões vermelhos
3 colheres (sopa) de azeite
2 colheres (chá) de cominho em pó
1 colher (chá) de páprica
½ colher (chá) de pimenta-do-reino moída na hora
¼ de colher (chá) de pimenta vermelha em pó
1 colher (chá) de açúcar
1⅔ xícara (chá) de tomate picado em conserva (400 g)
1 limão em conserva
¼ de xícara (chá) de azeitona preta sem caroço (30 g)
um punhado de folha de salsinha
sal marinho

CORTE O TAMBORIL ao meio e coloque em uma tigela. Junte o suco do limão e uma pitada de sal. Misture e reserve. Coloque o cuscuz em uma tigela grande e adicione três quartos de xícara (chá) de água quente (185 ml). Cubra com filme de PVC e deixe no mínimo por 10 minutos ou até que esteja pronto.

DESCASQUE AS CENOURAS e o alho, retire as sementes dos pimentões e pique tudo. Aqueça o azeite em uma panela grande em fogo alto e adicione os pimentões e as cenouras. Cozinhe por 5-6 minutos, mexendo de vez em quando, até começarem a amolecer. Reduza o fogo para médio e adicione o alho, o cominho, a páprica, a pimenta-do-reino, a pimenta vermelha em pó, o açúcar, uma pitada de sal e misture bem.

JUNTE OS TOMATES, 1 xícara (chá) de água quente (200 ml) e misture bem. Deixe levantar fervura e acrescente o peixe. Tampe, deixando uma pequena fresta, e cozinhe por 5-6 minutos. Vire o peixe, cubra com um pouco de molho, tampe novamente e cozinhe por mais 5-6 minutos, até que esteja cozido e macio.

ENQUANTO O PEIXE COZINHA, retire a polpa do limão em conserva e corte a casca em tiras finas. Descarte a polpa. Corte as azeitonas e pique a salsinha, reserve. Afofe o cuscuz com um garfo. Coloque a casca do limão em conserva, as azeitonas e a salsinha na panela com o peixe cozido e misture bem. Para servir, corte os pedaços de peixe ao meio e sirva com o cuscuz.

Peixe Assado à Phuket com Macarrão Hoisin e Salada de Ervas

4 PORÇÕES PRONTO EM **40 MINUTOS**

Essa deliciosa refeição foi inspirada nas férias em família que passamos em Phuket há alguns anos. Para mim, cozinhar com a espetacular chef Jitty na nossa *villa* era mais interessante do que passar uma tarde relaxante na piscina. Em sua cozinha minúscula, mas imaculada, ela fazia milagres a cada refeição. Ela estudara em Bangcoc, onde aprendeu sobre as cozinhas regionais da Tailândia. Seu repertório era incrível, e seu uso de sabor, cor e textura era perfeito. Peguei de empréstimo alguns elementos de sua gloriosa cozinha e acrescentei meu toque expresso para você fazer um banquete tailandês em apenas 40 minutos.

O molho inglês é o ingrediente secreto nesse prato, como usado na Tailândia. (Eu teria preferido o molho de peixe!) O molho inglês dá um sabor especial que a maioria das pessoas não vai reconhecer. É estranho que um ingrediente britânico combine tanto com os sabores tailandeses, mas é exatamente por isso que amo cozinhar: você pode misturar e combinar para criar pratos sublimes.

PARA O PEIXE ASSADO

1 colher (sopa) de óleo de amendoim, mais um pouco para untar
2 pargos (cerca 500 g cada) limpos
2 hastes de capim-limão
1 limão
5 cm de gengibre fresco
1 colher (sopa) de molho inglês
1 colher (chá) de pimenta-do-reino moída na hora
sal marinho

PARA A SALADA DE ERVAS

2 hastes de capim-limão
2½ cm de gengibre fresco
½ pimenta vermelha
2 colheres (sopa) de molho de peixe
1½ colher (chá) de açúcar
1 cebola roxa
1½ limão
300 g de cenoura
dois punhados grandes de folha de coentro
dois punhados grandes de folha de manjericão
um punhado de folha de hortelã
¼ de xícara (chá) de amendoim (30 g)

PARA O MACARRÃO HOISIN

200 g de macarrão oriental médio à base de ovos
3 colheres (sopa) de molho hoisin
2 colheres (sopa) de molho de soja
1 colher (sopa) de óleo de amendoim

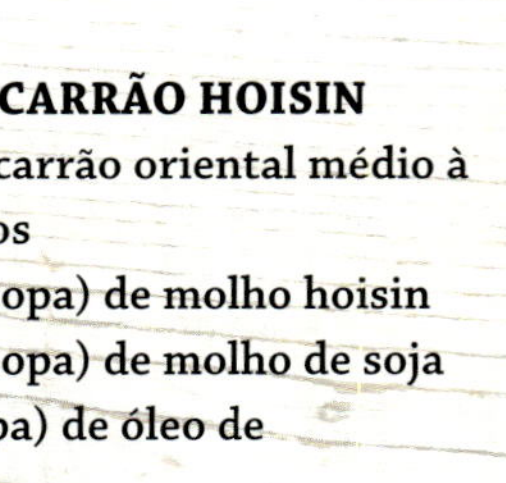

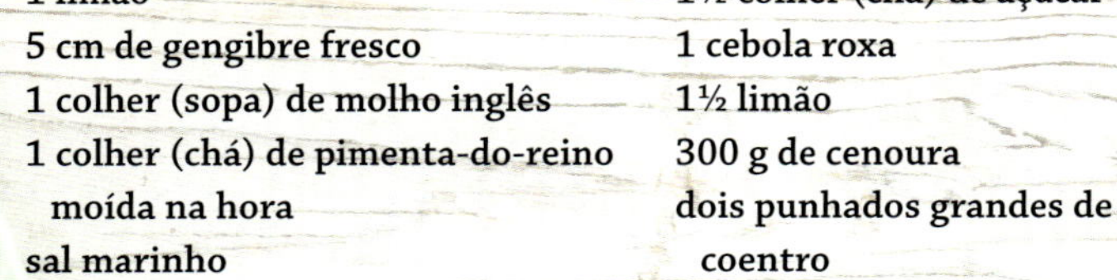

PREAQUEÇA O FORNO a 200°C. Unte um pedaço de papel-alumínio grande o suficiente para embrulhar o peixe. Coloque o pargo sobre o papel. Corte o capim-limão, o limão e o gengibre com casca em fatias finas.

COM UMA COLHER, COLOQUE O MOLHO INGLÊS na cavidade do peixe e recheie com o capim-limão, o limão e o gengibre. Se quiser, cubra com algumas fatias de limão. Regue com o óleo e polvilhe a pimenta-do-reino e uma boa pitada de sal. Embrulhe o peixe no papel-alumínio e coloque em uma assadeira. Asse por 25-30 minutos, até estar cozido e macio.

ENQUANTO ISSO, PREPARE A SALADA. Retire as folhas duras exteriores do capim-limão e corte a ponta das hastes. Descasque o gengibre. Coloque o capim-limão em um miniprocessador de alimentos com o gengibre, a pimenta vermelha, o molho de peixe e o açúcar. Bata até formar uma pasta lisa. Descasque e rale a cebola em uma tigela grande. Junte o suco do limão e misture bem (isso vai ajudar a tirar a acidez da cebola). Descasque e rale as cenouras e leve à tigela com a cebola.

PIQUE A MAIORIA DAS ERVAS, reservando algumas folhas para servir, e coloque na tigela com a salada. Junte a pasta de temperos, misture bem e transfira para uma travessa. Cubra e reserve.

COZINHE O MACARRÃO em água fervente por 4-5 minutos, até ficar macio ou conforme indicado na embalagem. Escorra e volte para a panela. Acrescente o molho hoisin, o molho de soja e o óleo. Misture bem e reserve. Espalhe os amendoins e as outras ervas sobre a salada e sirva com o peixe cozido e o macarrão.

Curry de Frutos do Mar de Kerala

4 PORÇÕES PRONTO EM **25 MINUTOS**

1¼ xícara (chá) de arroz basmati (250 g)
2,5 cm de gengibre fresco
6 dentes de alho
1 pimenta verde
2 colheres (chá) de coentro em pó
½ colher (chá) de cúrcuma
1¾ xícara (chá) de tomate-cereja (250 g)
2 colheres (sopa) de óleo de amendoim
2 colheres (chá) de semente de mostarda preta
duas pitadas grandes de folha de curry seca
1½ xícara (chá) de leite de coco (400 ml)
½ limão
250 g de filés de tilápia ou outro peixe branco sem espinhas
350 g de frutos do mar, tais como anéis de lula, camarões rosa crus e descascados e mexilhões
um punhado de folha de coentro
sal marinho

COZINHE O ARROZ em água fervente por 10-12 minutos, até ficar macio ou conforme indicado na embalagem. Escorra e volte para a panela. Cubra com um pano de prato limpo e tampe. Reserve para que o arroz termine de cozinhar.

ENQUANTO ISSO, DESCASQUE O GENGIBRE E O ALHO, remova o topo da pimenta e leve tudo para um miniprocessador de alimentos junto com o coentro em pó, a cúrcuma e uma boa pitada de sal. Bata até formar uma pasta lisa, acrescentando um pouco de água, se necessário. Reserve.

CORTE OS TOMATES-CEREJA ao meio e reserve. Aqueça o óleo em uma panela grande em fogo médio e adicione as sementes de mostarda e as folhas de curry. Deixe tostar por alguns segundos, em seguida acrescente a pasta de especiarias. Refogue por 30 segundos ou até os aromas se desprenderem, em seguida acrescente o leite de coco, o suco do limão e uma pitada de sal. Misture bem e deixe ferver.

CORTE O PEIXE em cubos grandes, do tamanho de uma mordida e junte ao molho fervente. Acrescente os frutos do mar e os tomates-cereja e misture delicadamente. Deixe levantar fervura de novo, tampe e reduza o fogo para médio-baixo. Cozinhe por 6-8 minutos, mexendo de vez em quando, até que todos os frutos do mar estejam cozidos e macios. Polvilhe o coentro sobre o curry e sirva com o arroz.

Poderoso Ceviche de Vieira do Iain, Macarrão de Trigo-Sarraceno e Salada de Abacate **4** PORÇÕES PRONTO EM **30 MINUTOS**

Esse é um prato super-rápido, condimentado e apimentado, inspirado no sudeste asiático e com toques da boa e velha região oeste de Londres. Iain é um dos meus melhores amigos e ele faz uma vieira incrível. Ceviche é simplesmente peixe ou certos tipos de frutos do mar "cozidos" apenas em um ácido, como suco de limão ou vinagre. Certifique-se de comprar frutos do mar superfrescos e no dia em que for preparar o prato. Se quiser reduzir a ardência da pimenta, retire as sementes. Se preferir mais picante, acrescente uma pimenta extra.

PARA O CEVICHE DE VIEIRAS

¼ de xícara (chá) de amendoim (30 g)
2 hastes de capim-limão
3 cebolinhas
1 pimenta vermelha
375 g de vieira
2 limões
2 colheres (sopa) de molho de peixe
1 colher (chá) de açúcar
um punhado de folha de hortelã

PARA O MACARRÃO DE TRIGO--SARRACENO

3 cebolinhas
200 g de macarrão de trigo--sarraceno
3 colheres (sopa) de molho de soja
2 colheres (sopa) de azeite
1 colher (chá) de óleo de gergelim

PARA A SALADA DE ABACATE

2 colheres (sopa) de vinagre de vinho tinto
2 colheres (chá) de açúcar
2 colheres (sopa) de azeite
1 colher (chá) de óleo de gergelim
1 colher (chá) de coentro em pó
2 abacates maduros
1 colher (sopa) de semente de abóbora
sal marinho

PIQUE GROSSEIRAMENTE O AMENDOIM e coloque em uma frigideira. Toste o amendoim em fogo médio por 4-5 minutos, sacudindo a panela de vez em quando, até dourar. Retire do fogo e reserve.

ENQUANTO ISSO, RETIRE AS FOLHAS DURAS exteriores do capim-limão e corte a ponta das hastes. Apare as cebolinhas para o ceviche e para o macarrão. Retire o topo da pimenta e pique metade com 3 cebolinhas e o capim-limão. Transfira para a tigela do ceviche. Pique as cebolinhas e a pimenta restantes e coloque em outra tigela pequena para o macarrão.

COZINHE O MACARRÃO em água fervente por 5-7 minutos, até ficar macio ou conforme indicado na embalagem. Enquanto o macarrão cozinha, corte as vieiras em fatias finas horizontais. Distribua as fatias de vieira em uma travessa rasa, formando uma camada uniforme. Regue com o suco do limão e chacoalhe a travessa para cobrir todas as vieiras. Cubra e reserve por 8-10 minutos para que as vieiras "cozinhem" no ácido e fiquem ligeiramente opacas. Lembre-se de chacoalhar a travessa de vez em quando.

QUANDO O MACARRÃO ESTIVER COZIDO, escorra em uma peneira, refresque com água fria e escorra novamente. Retorne o macarrão para a panela e adicione o molho de soja, o azeite e o óleo de gergelim. Misture bem e transfira para uma tigela que vai à mesa. Polvilhe a pimenta picada e as cebolinhas reservadas para o macarrão. Cubra e reserve.

FAÇA O MOLHO para a salada misturando o vinagre de vinho tinto e o açúcar em uma tigela até o açúcar dissolver. Junte o azeite, o óleo de gergelim, o coentro e uma pitada de sal. Misture bem.

CORTE OS ABACATES ao meio e retire o caroço com uma faca. Com uma colher, retire pequenos pedaços da polpa e junte à tigela com o molho. Misture com cuidado para os abacates não perderem a cor. Transfira-os para uma travessa e polvilhe as sementes de abóbora. Cubra e reserve.

ADICIONE O MOLHO DE PEIXE às vieiras "cozidas", em seguida acrescente o capim-limão, as cebolinhas, a pimenta e o açúcar reservados. Misture com cuidado. Rasgue e polvilhe as folhas de hortelã e os amendoins torrados. Sirva com o macarrão e a salada de abacate.

Vôngole Panjim com Quiabo ao Coco

4 PORÇÕES PRONTO EM **30 MINUTOS**

PARA OS VÔNGOLES
1 cebola
1 pimenta verde
2 colheres (sopa) de óleo de amendoim
2 colheres (chá) de garam masala
1 colher (chá) de cúrcuma
1½ xícara (chá) de creme (ou leite) de coco (400 ml)
½ limão
1 kg de vôngole limpo
um punhado pequeno de folha de coentro
sal marinho

PARA O QUIABO AO COCO
350 g de quiabo
1 cebola roxa
3 dentes de alho
1 pimenta verde
2 bagas de cardamomo
2 colheres (sopa) de óleo de amendoim
8 grãos de pimenta-preta
¾ de xícara (chá) de creme (ou leite) de coco (185 ml)
uma pitada grande de folha de curry seca
¼ de xícara (chá) de uva-passa (20 g)
½ limão

PARA SERVIR
4 pães naan pequenos

PREAQUEÇA O FORNO a 180°C. Descasque a cebola, retire o topo da pimenta e pique tudo. Aqueça o óleo em uma panela em fogo médio e adicione os ingredientes. Frite por 4-5 minutos, até começar a dourar.

ADICIONE O GARAM MASALA e a cúrcuma, misture bem e junte o creme de coco, o suco do limão e uma boa pitada de sal. Misture bem, reduza o fogo e cozinhe em fogo brando, mexendo de vez em quando, enquanto prepara o quiabo.

CORTE O TOPO dos quiabos. Descasque a cebola roxa e o alho, retire o topo da pimenta, e pique a cebola, o alho e a pimenta. Abra as bagas de cardamomo amassando com a lateral de uma faca. Aqueça o óleo em um wok em fogo alto e adicione a cebola, o alho, a pimenta, o cardamomo e os grãos de pimenta-preta. Refogue por 2-3 minutos, até dourar. Junte o quiabo e uma boa pitada de sal. Refogue por 2 minutos e depois adicione o creme de coco. Coloque as folhas de curry no wok, quebrando-as com as mãos. Misture bem, tampe e reduza o fogo para baixo. Cozinhe por 5 minutos.

ENQUANTO ISSO, LEVE OS PÃES NAAN ao forno e desligue a chama para aquecê-los sem queimar. Junte as uvas-passas e o suco do limão ao quiabo, misture bem, tampe e cozinhe por 5 minutos ou até que o quiabo esteja macio. Enquanto isso, acrescente o vôngole ao molho quente, tampe e cozinhe por 4-5 minutos, sacudindo a panela de vez em quando, até o vôngole abrir. Descarte os mariscos que permanecerem fechados. Pique o coentro e polvilhe sobre o vôngole. Sirva com o quiabo e os pães.

Legume Assado com Tapenade Picante

4 PORÇÕES PRONTO EM **45 MINUTOS**

PARA OS LEGUMES ASSADOS
2 cebolas roxas
2 pimentões vermelhos
2 abobrinhas
1 berinjela
3 colheres (sopa) de azeite
1 colher (sopa) de tomilho seco
1¾ xícara (chá) de tomate-cereja na rama (250 g)
um pedaço de pão de casca dura
⅓ de xícara (chá) de pinhole (55 g)
dois punhados grandes de folha de hortelã
½ limão
100 g de queijo meia cura duro
sal marinho e pimenta-do-reino moída na hora

PARA O TAPENADE PICANTE
1 dente de alho
⅔ de xícara (chá) de azeitona (85 g) preta sem caroço
4 filés de anchova
um punhado de folha de salsinha
¼ de colher (chá) de pimenta vermelha em pó
1½ colher (chá) de cominho em pó
2 colheres (sopa) de azeite
½ limão-siciliano

PREAQUEÇA O FORNO a 200°C. Descasque as cebolas e retire as sementes dos pimentões. Corte as cebolas, os pimentões, as abobrinhas e a berinjela em cubos grandes e transfira para uma assadeira. Regue com o azeite, adicione o tomilho e uma boa pitada de sal e pimenta-do-reino. Misture bem e asse por 25 minutos ou até que os legumes estejam quase assados.

ENQUANTO OS VEGETAIS ASSAM, faça a tapenade picante. Descasque o alho e coloque em um liquidificador ou processador de alimentos. Adicione as azeitonas, as anchovas, a salsinha, a pimenta vermelha em pó, o cominho, o azeite, o suco do limão e uma pitada de sal e pimenta-do-reino. Bata até formar uma pasta grossa. Transfira para uma tigela, cubra e reserve para que os sabores se desenvolvam.

QUANDO OS LEGUMES estiverem quase prontos, retire do forno e coloque os tomates-cereja por cima. Asse por mais 8-10 minutos, até que todos os legumes estejam macios e dourados e os tomates comecem a quebrar. Coloque o pão no forno nos últimos 5 minutos para aquecê-lo.

COLOQUE O PINHOLE em uma frigideira pequena em fogo médio e toste por 2-3 minutos, sacudindo a panela de vez em quando, até dourar. Retire do fogo e reserve. Tire a folhas de hortelã das hastes. Regue o suco do limão sobre os legumes assados, cubra com pedaços de queijo meia cura e de folhas de hortelã. Polvilhe o pinhole torrado e sirva com a tapenade picante e o pão quente.

Curry de Berinjela e Gergelim e Salada de Espinafre e Milho à Kerala

4 PORÇÕES PRONTO EM **45 MINUTOS**

Esse banquete vegetariano é a minha versão de um curry clássico do norte da Índia. É servido com um prato refrescante de espinafre e milho doce, original de Kerala, que fica entre um acompanhamento e uma salada, e funciona como o contraste perfeito para o curry. Um toque genial para extrair o máximo de sabor ao preparar esse curry é abrir uma fenda nas berinjelas e untá-las com um pouco da mistura de especiarias. Você vai sentir a diferença: as berinjelas absorvem todo o sabor dos temperos enquanto cozinham delicadamente no molho.

PARA AS BERINJELAS
1 colher (sopa) de coentro em pó
1 colher (sopa) de semente de gergelim
½ colher (chá) de pimenta vermelha em pó
½ colher (sopa) de cominho em pó
1½ colher (chá) de sal marinho
350 g de miniberinjelas
1 cebola roxa grande
2 colheres (sopa) de óleo de amendoim
2,5 cm de gengibre fresco
4 dentes de alho
3 tomates
uma pitada de açúcar
um punhado de folha de coentro
½ limão-siciliano

PARA O ARROZ
1¼ xícara (chá) de arroz basmati (250 g)

PARA A SALADA DE ESPINAFRE E MILHO À KERALA
1 colher (sopa) de óleo de amendoim
1 colher (chá) de semente de cominho
½ xícara (chá) de castanha-de-caju (85 g)
225 g de espinafre
1 cebola roxa
1 limão-siciliano
½ pimenta vermelha
⅔ de xícara (chá) de milho em conserva (140 g)
25 g de creme (ou leite grosso) de coco
sal marinho

COLOQUE O COENTRO EM PÓ, as sementes de gergelim, a pimenta vermelha em pó, o cominho em pó e o sal em um moedor de especiarias, e moa até obter um pó fino. Retire os talos das miniberinjelas e faça um sulco de 2,5 cm na extremidade oposta. Esfregue um pouco das especiarias em pó nos sulcos (use metade do tempero). Descasque e pique a cebola.

AQUEÇA O ÓLEO em uma panela em fogo médio e coloque a cebola. Cozinhe por 4-5 minutos, mexendo de vez em quando, até dourar. Enquanto a cebola cozinha, descasque o gengibre e o alho. Pique o gengibre, o alho e os tomates. Junte à cebola cozida e misture bem. Adicione os temperos restantes, o açúcar e as berinjelas. Misture bem, tampe e cozinhe as berinjelas completamente por 20 minutos.

ENQUANTO ISSO, COZINHE O ARROZ em água fervente por 10-12 minutos, até ficar macio ou conforme indicado na embalagem. Escorra e volte para a panela. Cubra a panela com um pano de prato limpo e tampe. Reserve para o arroz afofar.

FAÇA A SALADA, enquanto o arroz cozinha. Aqueça o óleo em um wok em fogo médio e adicione as sementes de cominho e a castanha-de-caju. Refogue por 45 segundos, em seguida adicione o espinafre e uma pitada de sal. Continue a refogar por 2-3 minutos, até que o espinafre murche completamente. Retire do fogo e reserve.

DESCASQUE E PIQUE A CEBOLA e coloque-a em uma tigela. Regue com o suco do limão, adicione uma pitada de sal e misture bem. Pique a pimenta e junte à tigela. Escorra o milho e leve à tigela. Adicione o espinafre cozido, certificando-se de raspar todo o óleo e o cominho do fundo do wok. Misture bem e transfira para uma tigela que vai à mesa. Coloque o leite de coco por cima, cubra e reserve.

QUANDO A BERINJELA ESTIVER COZIDA, destampe a panela e cozinhe por 5 minutos, mexendo de vez em quando, para o molho engrossar. Rasgue as folhas de coentro. Polvilhe o coentro sobre o curry e regue com o suco do limão. Sirva com o arroz e a salada colorida.

ATREVIDOS E DELICIOSOS

O nome já diz tudo. Este capítulo está repleto de sobremesas deliciosas, bebidas fabulosas e drinques matadores tão rápidos de preparar que você pode fazer dois de uma vez! A receita mais longa demora apenas 30 minutos do início ao fim. Meu Martíni de hortelã e capim-limão leva menos de 10 minutos para ficar pronto e anima qualquer festa. A Calda de chocolate e caramelo salgado – simplesmente a melhor calda já inventada – derramada generosamente sobre sorvete de baunilha é preparada em 10 minutos e vai render uma legião de fãs a cada porção. Meu lindo Bolinho Kika com laranja e calda de gengibre, feito com amêndoa e baunilha, demora apenas 25 minutos para preparar, provando que sempre há tempo para acionar as assadeiras.

Sorvete de Baunilha com Calda de Chocolate e Caramelo Salgado

4 PORÇÕES PRONTO EM **10 MINUTOS**

Essa é a melhor calda do mundo! Sei que é uma afirmação ousada, mas o que poderia ser melhor do que uma calda de caramelo salgado somada ao rico chocolate amargo servida quente e generosamente sobre sorvete de baunilha? Compre sorvete de baunilha da melhor qualidade para fazer justiça à calda.

PARA O SORVETE

1 pote de 500 ml de sorvete de baunilha delicioso
⅓ de xícara (chá) de avelã (40 g)

PARA A CALDA DE CHOCOLATE E CARAMELO SALGADO

⅔ de xícara (chá) de açúcar mascavo (125 g)
60 g de manteiga
¼ de xícara (chá) de creme de leite (50 ml)
100 g de chocolate meio amargo (85% cacau)
sal marinho

TIRE O SORVETE DE BAUNILHA do congelador para amolecer. Enquanto isso, coloque o açúcar para a calda em uma panela e adicione 1 colher (sopa) e meia de água. Deixe ferver em fogo alto por 2-3 minutos, sacudindo a panela de vez em quando, até que todo o açúcar se dissolva. Enquanto isso, pique grosseiramente as avelãs.

RETIRE A PANELA do fogo e adicione a manteiga, depois retorne ao fogo baixo para derretê-la, mexendo sempre. Continue a mexer por mais 1 minuto ou até que o caramelo fique marrom-claro. Adicione uma boa pitada de sal e misture bem. Despeje o creme de leite e continue a mexer até obter uma consistência aveludada.

QUEBRE O CHOCOLATE e junte à calda, misturando sem parar até o chocolate derreter completamente e a calda engrossar um pouco. Com cuidado, despeje a calda em uma vasilha refratária e sirva imediatamente com o sorvete. Polvilhe as avelãs.

Trufa Explosão de Goa

4 PORÇÕES PRONTA EM **30 MINUTOS**

Trufas verdadeiras em 30 minutos! O truque é deixar a assadeira bem gelada e espalhar a massa da trufa em uma camada fina o suficiente para firmar rápido. Enrole as trufas com uma colher (chá) ou use um sofisticado boleador de trufas. Cubra rapidamente cada trufa rolando no pistache moído. Café, cardamomo e pimenta podem incrementá-las. Use os pistaches mais exuberantes e verdes que achar para ter a perfeita experiência de Goa.

cubos de gelo
⅓ de xícara (chá) de creme de leite (100 ml)
15 g de manteiga
100 g de chocolate meio amargo (70% cacau)
¼ de colher (chá) de pó de café
¼ de colher (chá) de cardamomo em pó
uma pitada de pimenta vermelha em pó
⅓ de xícara (chá) de pistache (55 g)

COLOQUE O GELO em uma fôrma de 25 cm com base fixa e leve ao freezer. Coloque o creme de leite em uma panela pequena e adicione a manteiga. Cozinhe em fogo médio por 2-3 minutos, mexendo de vez em quando, até a manteiga derreter.

ENQUANTO ISSO, QUEBRE O CHOCOLATE em uma tigela que vai ao micro-ondas e aqueça por 1 minuto em potência alta ou até o chocolate começar a derreter. (Outra opção é derreter o chocolate em banho-maria numa tigela refratária.) Retire a tigela do micro-ondas ou do banho-maria e adicione o pó de café, o cardamomo e a pimenta vermelha em pó. Despeje sobre o creme de leite quente e misture até que fique espesso e liso.

TRABALHANDO O MAIS RÁPIDO POSSÍVEL, tire a assadeira do freezer, descarte o gelo e seque com papel-toalha. Despeje a massa de chocolate na assadeira e espalhe uniformemente para formar uma camada fina, com espessura máxima de 5 mm, caso contrário ela não irá firmar a tempo. Coloque a assadeira no freezer e congele por 20 minutos ou até endurecer.

COLOQUE OS PISTACHES em um processador de alimentos e pique grosseiramente. Transfira para uma tigela. Com uma colher (chá) ou um boleador de frutas, enrole as trufas e passe cada bolinha na tigela de pistaches triturados e sacuda para retirar o excesso. Certifique-se de que todas as trufas estejam cobertas e sirva.

Torta de Abacaxi e Limão 4 PORÇÕES PRONTA EM 20 MINUTOS

No momento estou apaixonado pelos Estados Unidos, e essa sobremesa foi inspirada na clássica torta de limão norte-americana. Eu usei abacaxi, com uma pitada de pimenta, em vez do tradicional limão, além da base de biscoito para acelerar o preparo.

110 g de manteiga
½ abacaxi
30 g de açúcar demerara
uma pitada de pimenta em flocos esmagada
140 g de biscoitos de farinha e leite
1½ xícara (chá) de creme de leite (400 ml)
2 colheres (sopa) de açúcar de confeiteiro
½ limão

COLOQUE 80 G DE MANTEIGA em uma panela pequena em fogo médio e o restante da manteiga em uma frigideira pequena em fogo médio.

ENQUANTO A MANTEIGA DERRETE, retire o topo e a base do abacaxi e coloque em uma tábua de cozinha. Descasque de cima para baixo. Retire com cuidado quaisquer resquícios de casca na fruta. Corte o abacaxi ao meio longitudinalmente e retire o miolo mais duro, restando apenas a parte macia. Corte a polpa do abacaxi em cubinhos e leve à frigideira pequena. Adicione o açúcar demerara e uma pitada de pimenta em flocos. Misture bem e cozinhe por 8-10 minutos, sacudindo a panela de vez em quando, até o abacaxi começar a amolecer e o molho engrossar. Retire do fogo e reserve para esfriar um pouco.

COLOQUE OS BISCOITOS em um processador de alimentos e bata até obter um pó fino, enquanto cozinha o abacaxi. Transfira para uma tigela e junte a manteiga derretida na panela pequena. Misture bem. Use papel-manteiga para forrar o fundo e as laterais de uma fôrma de 19 cm com fundo removível e pressione o pó de biscoitos na base com as costas de uma colher. Leve a fôrma à geladeira para esfriar enquanto bate o creme de leite.

DESPEJE O CREME DE LEITE em uma tigela grande e adicione o açúcar de confeiteiro. Acrescente as raspas e o suco do limão e bata até obter picos firmes. Tire a fôrma da geladeira e preencha com o creme. Cubra com os pedaços de abacaxi e regue com o molho do abacaxi. Solte a lateral da fôrma, retire o papel e sirva.

Taça de Manga e Coco com Baunilha

4 PORÇÕES PRONTA EM **10 MINUTOS**

Coco e manga são os melhores parceiros e se juntam das mais diferentes maneiras nas sobremesas do Sudeste Asiático. Essas taças refrescantes foram inspiradas nas diversas variedades desse par que provei ao longo dos anos. Tornei a minha versão a mais rápida possível, sem perder nenhum sabor. A manga é misturada com açúcar e suco de laranja para ganhar maciez e sabor intenso. A fruta doce então recebe a cobertura do delicioso creme de leite batido com creme de coco para garantir o autêntico toque asiático.

2 mangas maduras
4 colheres (sopa) de açúcar de confeiteiro
½ laranja
1¼ xícara (chá) de creme de leite (300 ml)
¼ de xícara (chá) de creme (ou leite) de coco (70 ml)
1 colher (chá) de extrato de baunilha

DESCASQUE AS MANGAS e retire a polpa nas laterais e ao redor do caroço. Pique em pedaços pequenos e transfira para uma tigela.

ADICIONE METADE DO AÇÚCAR DE CONFEITEIRO e o suco da laranja. Misture com as mãos para quebrar um pouco a manga. Reserve.

DESPEJE O CREME DE LEITE em uma tigela e bata até obter picos firmes. Adicione o creme de coco, o restante do açúcar de confeiteiro, o extrato de baunilha e misture. Para servir, divida a manga em quatro taças e cubra com o creme.

Taça de Abóbora, Chocolate e Nozes

4 PORÇÕES PRONTA EM **25 MINUTOS**

Essa é a minha versão de uma sobremesa turca clássica feita com abóbora assada e servida com nozes. Eu acrescento pedaços de chocolate amargo que derretem sobre a abóbora e a cobertura de um fascinante chantili.

750 g de abóbora
½ xícara (chá) de creme de leite (125 ml)
25 g de manteiga
¼ de xícara (chá) de açúcar demerara (55 g)
6 cravos
25 g de chocolate amargo (70% de cacau)
½ xícara (chá) de nozes (55 g)

DESCASQUE A ABÓBORA, retire as sementes e corte em pedaços de 2,5 cm. Transfira para uma tigela que vai ao micro-ondas e adicione um terço de xícara (chá) de água (100 ml). Cubra com filme de PVC e coloque no micro-ondas por 10 minutos ou até que a abóbora esteja macia, sem desmanchar. Para verificar o ponto, perfure com uma faca afiada, que deve sair com muita facilidade.

BATA O CREME DE LEITE até obter picos moles, enquanto cozinha a abóbora. Reserve. Coloque a manteiga, o açúcar e os cravos em uma frigideira e aqueça em fogo baixo. Assim que o açúcar parecer um pouco seco, sacuda a panela e o açúcar vai virar um líquido. Quando o açúcar dissolver completamente, retire do fogo. Vai parecer que o açúcar se separou da manteiga, mas não se preocupe, é assim mesmo que ele deve ficar, eu garanto.

CORTE DOIS TERÇOS DO CHOCOLATE em pedaços pequenos e divida em quatro porções. Esmigalhe as nozes com as mãos sobre uma tigela até obter pedaços pequenos.

COM UMA ESCUMADEIRA, transfira com cuidado a abóbora cozida para a frigideira com o açúcar e a manteiga. Cozinhe em fogo baixo por 5 minutos, mexendo de vez em quando.

SEPARE 1 COLHER (SOPA) DE NOZES trituradas e adicione o restante à abóbora. Misture. Coloque a abóbora em quatro taças, junto com os cravos. Acrescente uma porção de chocolate e um quarto do creme em cada uma. Polvilhe com as nozes restantes e com chocolate ralado. Sirva imediatamente para que o chocolate derreta sobre a fruta.

Pudim de Arroz e Coco Luang Prabang

4 PORÇÕES PRONTO EM **20 MINUTOS**

Essa é a minha versão expressa da clássica sobremesa do Laos. Em vez do arroz vermelho do Laos cozido lentamente no vapor, uso arroz jasmim parboilizado e finalizado com leite de coco, açúcar e cardamomo. Uma boa pitada de noz-moscada, além de algumas sementes de gergelim, manga fresca e folhas de hortelã criam o contraste de sabores, cores e texturas para o arroz cremoso.

½ xícara (chá) de arroz jasmim (115 g)
1 xícara (chá) de leite de coco (200 ml)
¼ de xícara (chá) de açúcar refinado (40 g)
¼ de noz-moscada
3 bagas de cardamomo
2 colheres (sopa) de semente de gergelim
1 manga grande
um punhado de folha de hortelã

COZINHE O ARROZ em água fervente por 8 minutos. Enquanto isso, despeje o leite de coco em uma panela. Adicione o açúcar e rale a noz-moscada. Esmague as bagas de cardamomo com a lateral de uma faca e junte ao leite de coco. Misture bem e deixe ferver em fogo médio. Reduza o fogo e cozinhe lentamente, enquanto o arroz fica pronto. Escorra o arroz e deixe na peneira.

ENQUANTO ISSO, COLOQUE AS SEMENTES DE GERGELIM em uma frigideira e toste-as em fogo médio por 2-3 minutos, sacudindo a frigideira sem parar, até dourar. Retire do fogo e reserve.

JUNTE O ARROZ COZIDO ao leite de coco e misture bem. Tampe e deixe cozinhar em fogo baixo por 5 minutos. Destampe e cozinhe por mais 1 minuto, mexendo sempre, até engrossar. O arroz deve ficar com a consistência de um belo risoto cremoso. Retire o cardamomo, se preferir.

DESCASQUE A MANGA enquanto termina de cozinhar o arroz. Retire a polpa das laterais e em volta do caroço e pique em pedaços pequenos. Divida o arroz em quatro tigelas e cubra cada uma com pedaços de manga. Polvilhe as sementes de gergelim, as folhas de hortelã e sirva.

Bolinho Kika com Laranja e Calda de Gengibre

10 UNIDADES PRONTO EM **25 MINUTOS**

Cozinha rápida é sinônimo de assados. Baunilha, laranja e amêndoa são a base do meu pão de ló, que absorve a deliciosa calda de geleia e gengibre. Eu prefiro usar uma geleia mais doce para a calda, assim os bolinhos também absorvem seu sabor.

1 ovo
⅔ de xícara (chá) de açúcar refinado (150 g), mais 1 colher (sopa) para o glacê
1 laranja
2 colheres (chá) de extrato de baunilha
1¼ xícara (chá) de amêndoa moída (120 g)
1 xícara (chá) de farinha de trigo (120 g)
¾ de colher (chá) de fermento em pó
½ xícara (chá) de geleia de damasco (150 g)
¼ de colher (chá) de gengibre em pó

PREAQUEÇA O FORNO a 200°C. Quebre o ovo em uma tigela grande e adicione dois terços de xícara (chá) de açúcar (150 g). Bata o ovo e o açúcar até obter um creme leve. Acrescente as raspas e o suco de meia laranja na tigela. Adicione o extrato de baunilha e as amêndoas. Em seguida, junte a farinha e o fermento em pó peneirados. Misture delicadamente para obter uma massa grossa.

FORRE DEZ FORMINHAS DE MUFFIN com forminhas de papel. Preencha com a massa – 3 colheres (sopa) para cada uma. Asse por 12-14 minutos até dourar e assar no centro – insira um palito, que deve sair limpo.

ENQUANTO OS BOLINHOS ASSAM, coloque a geleia, o gengibre e 1 colher (sopa) de açúcar em uma panela antiaderente pequena. Junte o suco da metade restante da laranja e deixe ferver em fogo médio-baixo, mexendo de vez em quando, até todos os ingredientes se dissolverem.

RETIRE OS BOLINHOS do forno e cubra com a calda quente. Reserve para esfriar por alguns minutos e sirva ainda quente.

Tortinha de Figo com Canela

4 PORÇÕES PRONTA EM **25 MINUTOS**

Figos são um ingrediente básico nas sobremesas do Oriente Médio, responsáveis por cor, sabor e textura. Eles também combinam muito bem com especiarias. Já vi muitas vezes o humilde figo se transformar em um prato espetacular, além de ser perfeito para sobremesas rápidas. Assar intensifica o sabor dos figos, portanto os coloquei sobre massa folhada polvilhado com açúcar demerara, canela e gengibre em pó. Depois de assados, eles ficam envolvidos em uma maravilhosa cobertura doce e quente. O creme com tangerina e hortelã traz frescor e acentua o calor das especiarias.

- farinha para polvilhar
- 150 g de massa folhada descongelada
- 1 colher (chá) de açúcar demerara
- ½ colher (chá) de canela em pó
- ¼ de colher (chá) de gengibre em pó
- 6 figos pequenos ou 3 médios
- 1 xícara (chá) de creme de leite (250 ml)
- 2 tangerinas
- 2 colheres (sopa) de açúcar de confeiteiro
- um punhado de folha de hortelã

PREAQUEÇA O FORNO a 200°C. Forre uma assadeira com papel-manteiga. Amasse o papel com as mãos e depois alise-o para evitar que enrole.

ENFARINHE A SUPERFÍCIE DE TRABALHO e estenda a massa até que ela fique com menos de 5 mm de espessura. Corte em quatro retângulos de 10 cm x 15 cm e transfira para a assadeira forrada. Espete algumas vezes com um garfo.

MISTURE O AÇÚCAR DEMERARA, a canela e o gengibre em uma tigela e polvilhe uniformemente sobre cada retângulo de massa. Corte os figos pequenos ao meio, ou os figos médios em quatro, e coloque 3 pedaços de fruta no centro de cada retângulo. Asse por 18-20 minutos, até a massa inchar e dourar.

ENQUANTO ISSO, DESPEJE O CREME DE LEITE em uma tigela grande. Junte as raspas de uma tangerina e o suco de duas. Acrescente o açúcar de confeiteiro peneirado e bata o creme de leite até obter picos moles. Reserve algumas folhas de hortelã para a decoração e pique o restante. Junte as folhas de hortelã picadas no creme. Sirva as tortas quentes com uma dose generosa de creme e o restante das folhas de hortelã.

Massa Folhada de Morango

4 PORÇÕES PRONTA EM **25 MINUTOS**

Essa massa folhada de morango muito crocante e cremosa é uma homenagem ao tempo que passei no Marrocos. Canela, laranja e baunilha garantem os sabores exóticos e transformam essa sobremesa em algo fora do comum.

- 2⅓ xícaras (chá) de morango (350 g)
- ½ colher (chá) de canela em pó, mais um pouco para polvilhar
- 3 colheres (sopa) de açúcar de confeiteiro
- ½ laranja
- 2 folhas grandes de massa filo descongelada
- 1¼ xícara (chá) de iogurte grego integral (300 g)
- 1 colher (chá) de extrato de baunilha
- ½ xícara (chá) de nozes picadas (55 g)

FATIE OS MORANGOS, descartando o caule, e coloque-os em um prato raso. Polvilhe a canela e 1 colher (sopa) de açúcar de confeiteiro. Adicione o suco da laranja e misture bem. Cubra e reserve.

CORTE A MASSA FILO em doze retângulos com 8 cm x 12 cm (e cubra a massa com um pano de prato úmido para evitar que seque). Aqueça uma frigideira grande em fogo médio-alto e toste os retângulos em lotes até ficarem dourados e crocantes. Isso levará cerca de 1-1½ minuto de um lado e ½-1 minuto do outro. Retire da frigideira e reserve.

COLOQUE O IOGURTE em uma tigela enquanto tosta a massa. Acrescente o açúcar de confeiteiro restante e a baunilha. Misture bem e reserve.

QUANDO TODOS OS RETÂNGULOS estiverem tostados, comece a construir a massa folhada. Coloque um retângulo de massa em um prato de sobremesa e cubra com uma colher de iogurte. Espalhe bem e cubra com uma fina camada de morangos. Coloque outro pedaço de massa sobre os morangos e repita com mais iogurte e outra camada de morangos. Coloque o terceiro retângulo de massa, uma colher de iogurte e finalize com nozes picadas. Adicione uma pitada de canela. Repita o procedimento para montar outras três massas folhadas. Sirva com os morangos restantes.

CIDADE PEQUENA, POP CANTONÊS E BANANAS DE SHENYANG

Shenyang é uma cidade no nordeste da China, próxima às fronteiras da Mongólia e da Coreia do Norte. Lá faz muito frio, as pessoas são extraordinariamente altas e a comida é de outro mundo. Pelos padrões chineses é considerada uma cidade pequena – pelos meus, é imensa. A "pequena cidade" de Shenyang abriga cerca de 8 milhões de pessoas, uma infinidade de lojas de designers italianos, shoppings subterrâneos e comida incrível em todos os cantos.

Não estava muito frio quando visitei Shenyang, estava congelando! Menos 3 graus durante o dia, sem contar a sensação térmica. Por causa do frio, era muito difícil perambular pela cidade. Quando saí, enfrentei um clima sombrio, até ser conduzido ao que parecia uma entrada de metrô. Bam! Lá estava ele, o centro comercial. Ficava no subsolo, para que as pessoas pudessem passear sem congelar até a morte. Mas aquele não era um centro comercial comum. As lojas que vendem as grandes marcas ficavam no nível da rua, mas aquele local era uma espécie de Camden Market: luzes de néon, o som pulsante do pop cantonês e do techno chinês, e dezenas de crianças superdescoladas usando acessórios da marca Hello Kitty e óculos sem lentes.

Havia comida de rua por todo lado: cachorros-quentes e kebabs fluorescentes, cabeças e línguas de pato, panquecas e bolos de arroz, purê de batatas e sopas, macarrão e saladas, frutas e as incríveis bananas, servidas num espetinho e cobertas com calda e sementes de gergelim crocantes. Elas estavam deliciosas e forneceram a dose perfeita de açúcar para enfrentar o frio.

35
老鸭粉丝汤 6元
炒 面 4元
炒河粉 4元
蛋炒饭 4元
内设空调

灵芝菇

Banana Shenyang com Mel e Gergelim

4 PORÇÕES PRONTA EM **15 MINUTOS**

Eu criei uma versão muito rápida da saborosa sobremesa do centro comercial de Shenyang. Sementes de gergelim e farinha são a base da massa para empanar as bananas, temperada com cravo em pó e pimenta vermelha em pó. O aroma das especiarias permanece após a fritura das bananas e, de algum modo, é intensificado por uma dose generosa de mel na hora de servir. Isto é cozinha expressa em seu melhor.

- óleo de girassol para fritura
- 1¼ xícara (chá) de farinha de trigo (150 g)
- 2 colheres (sopa) de açúcar de confeiteiro
- ¾ de colher (chá) de cravo em pó
- ¾ de colher (chá) de pimenta vermelha em pó
- ⅓ de xícara (chá) de semente de gergelim (55 g)
- 1 ovo
- 2 bananas
- 3 colheres (sopa) de mel claro

DESPEJE O ÓLEO em uma panela até cobrir 1,5 cm de profundidade e aqueça em fogo médio-alto. Enquanto isso, coloque a farinha, o açúcar de confeiteiro, o cravo em pó e a pimenta vermelha em pó (todos peneirados) em uma tigela grande e adicione um quarto de xícara (chá) de semente de gergelim (30 g). Junte um ovo e acrescente lentamente 1 xícara (chá) de água fria (200 ml), misturando sem parar, até formar uma massa lisa.

DESCASQUE AS BANANAS e corte-as em pedaços de 1 cm. Passe a fruta na massa e transfira com cuidado para o óleo quente, usando uma pinça ou hashis. Frite as bananas por 30-45 segundos de cada lado até ficarem bem douradas e crocantes.

RETIRE AS BANANAS da panela e coloque sobre papel-toalha para escorrer. Transfira as bananas para uma travessa e regue com o mel. Polvilhe as sementes de gergelim restantes e sirva.

Martíni de Hortelã e Capim-Limão **4** PORÇÕES PRONTO EM **10 MINUTOS**

Martínis são bacanas. Fato. Todo mundo assistiu a *Mad Men*! Porém, o martíni clássico ainda me escapa: é quase como beber combustível de foguete. Por isso, prefiro martínis com sabor. Para o meu martíni expresso, uso a neutralidade da vodca e acrescento adoráveis sabores: chá-verde, capim-limão e hortelã. Ao adicionar mel e capim-limão durante a infusão do chá-verde, faço todos os sabores se fundirem em poucos minutos. O resultado é um xarope doce e saboroso feito em instantes – e isso significa um martíni muito rápido.

2 hastes de capim-limão
1 saquinho de chá-verde
3 colheres (sopa) de mel claro
gelo
um punhado de folha de hortelã, mais algumas folhas para servir
1 xícara (chá) de vodca (200 ml)
1 limão

AMASSE AS HASTES DE CAPIM-LIMÃO e pique grosseiramente em pedaços de 2,5 cm. Coloque o capim-limão em uma jarra ou coqueteleira e adicione o saquinho de chá, o mel e 1 xícara (chá) de água fervente (200 ml). Misture bem e deixe em infusão por 3 minutos.

ENQUANTO ISSO, COLOQUE CUBOS DE GELO em quatro copos de martíni e deixe esfriar. Retire o saquinho de chá da infusão e adicione a hortelã. Despeje a vodca e esprema o suco do limão. Acrescente bastante gelo e misture muito bem.

RETIRE O GELO dos copos, coe o martíni de chá de hortelã e capim-limão. Sirva com algumas folhas de hortelã.

Tequila com Baunilha e Limão Queimado

4 PORÇÕES PRONTA EM **10 MINUTOS**

Eu amo tequila, a verdadeira tequila – dourada e feita com 100 por cento de agave, o que torna a bebida suave e arredondada. Bem diferente dos horríveis removedores de tinta engarrafados, com tampas engraçadas em formato de chapéu mexicano e uma infestação de insetos na parte inferior. Quando usar tequila de boa qualidade é importante não chacoalhar muito. Nesse drinque, a baunilha acentua o sabor da tequila, e o limão queimado intensifica as notas defumadas da bebida. Ele precisa de equilíbrio e, portanto, doçura. Em um mundo ideal, use xarope de agave. Mas, na falta dele, escolha um mel de excelente qualidade.

2 limões-sicilianos
1 colher (chá) de azeite
1 copo de tequila leve 100% agave (200 ml)
2 colheres (sopa) de xarope de agave ou mel claro
1 colher (chá) de extrato de baunilha
gelo

CORTE OS LIMÕES ao meio e pincele um pouco de azeite na polpa. Coloque os limões, com a polpa para baixo, em uma frigideira antiaderente. Aqueça em fogo médio e cozinhe por 4-4½ minutos, até que os limões estejam dourados e tostados. Retire a panela do fogo e reserve.

COLOQUE A TEQUILA em uma jarra ou coqueteleira pequena e adicione o xarope de agave e a baunilha. Esprema com cuidado os limões e use uma colher (chá) para retirar todo o suco da polpa. Adicione o gelo e misture bem. Transfira para quatro copos e sirva imediatamente. *Salud*!

Bourbon Quente e Picante **4** PORÇÕES PRONTO EM **5 MINUTOS**

O bourbon é a minha bebida favorita já há algum tempo. Ele tem um aroma defumado que vem dos barris de carvalho onde é envelhecido. O ar quente e úmido acelera o processo de envelhecimento, o que faz do bourbon uma bebida relativamente jovem, com um sabor bem suave e adocicado. Como você pode perceber, gosto bastante! Nessa deliciosa bebida quente, o anis-estrelado, a canela e o cravo acentuam o sabor do bourbon, e a laranja e o mel são os clássicos sabores complementares. Essa é uma bebida para gente grande!

4 anises-estrelados
4 canelas em pau
8 cravos
1 laranja
1 xícara (chá) de bourbon (250 ml)
4 colheres (sopa) de mel claro

FERVA A ÁGUA NUMA CHALEIRA. Enquanto isso, divida os anises-estrelados, as canelas em pau e os cravos em quatro canecas.

COM UM DESCASCADOR, retire quatro tiras de casca da laranja, enrole-as e leve às canecas. Corte quatro fatias de laranja e as distribua nas canecas.

SIRVA O BOURBON e o mel nas canecas, em seguida, complete com água fervente. Mexa cada caneca de bourbon quente e picante com uma canela em pau e sirva.

ÍNDICE

Agradecimentos

OBRIGADO A: Annie e Mike; Lizzie e Amish; Little South Island BBQ pela inspiração e bons momentos; Heather da Villa Dinari; meu afilhado Max; Duncan Baird Publishers por fazer isso de novo; Rita e família em Goa; Gail em Fez; meu irmão Tom e sua linda esposa Rach, por sempre me deixar pra cima.

Créditos das fotos

LEGENDA: **A** = Acima **B** = Abaixo **E** = Esquerda **D** = Direita

Todas as fotografias são de John Gregory-Smith exceto:

p. 34 vaca sagrada (Kelvintt/Dreamstime.com); **p. 35** vaca na estrada (Paop/Dreamstime.com); **p. 45** **E** tenda do Grand Bazaar (Wojtek Chmielewski/Shutterstock), **BD** homem com cardápio (Jim Snyders/Alamy); **p. 119** **AD** praça Jamaa el-Fnaa (Alex Andrei/Shutterstock), **BD** cestos de temperos (Heatherfaye/iStockphoto), **E** cestas e montes de especiarias (nolimitspictures/iStockphoto); **p. 151** **AD** pimentas (Stevenallan/iStockphoto), **D** mexicano (Frans Lemmens/Corbis), **B** mercado (Christian Kober/Robert Harding World Imagery/Corbis).